Das große Diabetes Kochbuch

Leckere und einfache Rezepte für eine gesunde Ernährung bei Diabetes Typ 2. Genussvoll essen und den Blutzucker als Diabetiker auf natürliche Weise senken.

Inhalt

Vorwort

Liebe Leserin, lieber Leser,

dieses Kochbuch ist dein Wegweiser zu einem Leben voller Genuss und Wohlbefinden, angepasst an die Bedürfnisse und Herausforderungen bei der Ernährung für Diabetes Typ 2. Geschrieben mit Leidenschaft und einem tiefen Verständnis für die Feinheiten der Ernährung, zielt es darauf ab, dir nicht nur das Kochen zu erleichtern, sondern auch deine Beziehung zum Essen neu zu definieren.

Viele haben Bedenken, dass eine Ernährung bei Diabetes kompliziert und einschränkend ist. Aber ich bin hier, um dir zu zeigen, dass es ganz anders sein kann. Ich sehe es als meine Aufgabe, dir zu zeigen, dass es unzählige Möglichkeiten gibt, lecker und gesund zu kochen, ohne dabei auf Geschmack oder Vielfalt verzichten zu müssen. Mit jedem Rezept in diesem Buch möchte ich dir die Tür zu einer Ernährungsweise öffnen, die ebenso inspirierend wie ausgewogen ist.

Mit jedem Gericht, das du zubereitest, wirst du mehr über die Zutaten, ihre Auswirkungen auf den Blutzuckerspiegel und die besten Kombinationsmöglichkeiten erfahren. Dieses Wissen wird dir nicht nur in der Küche, sondern auch in deinem alltäglichen Leben eine große Hilfe sein.

Ich ermutige dich, diese Rezepte als Grundlage zu nutzen und sie nach deinen Vorlieben und Bedürfnissen anzupassen. Die Küche ist ein Raum für Kreativität, und jede Mahlzeit bietet die Möglichkeit, etwas Neues zu lernen und deine Fähigkeiten zu erweitern.

Ich wünsche dir viel Erfolg und Freude beim Kochen und Genießen dieser Gerichte. Möge dieses Buch ein wertvoller Begleiter auf deinem Weg zu einem erfüllten Leben sein.

Mit herzlichen Grüßen,

Vanessa Zimmermann

Hinweis zu den Rezepten

Du wirst vielleicht bemerkt haben, dass in meinem Kochbuch etwas fehlt, was in vielen anderen Kochbüchern üblich ist: Bilder. Ich habe lange über diese Entscheidung nachgedacht und möchte dir gerne erläutern, warum ich diesen unkonventionellen Weg gewählt habe.

In erster Linie glaube ich fest daran, dass das Kochen eine Kunst ist, und wie bei jeder Kunst, spielen Vorstellungskraft und Kreativität eine entscheidende Rolle. Wenn ich dir genau vorschreibe und zeige, wie ein Gericht aussehen sollte, dann könnte ich ungewollt deine eigene Kreativität und Vorstellungskraft einschränken. Ich möchte, dass du dir beim Lesen meiner Rezepte eigene Bilder in deinem Kopf formst, dass du die Zutaten und das Endprodukt in deiner Vorstellung farbenfroh und lebendig visualisierst.

Dann gibt es da noch einen weiteren, sehr persönlichen Grund. Ich bin der Meinung, dass Bilder oft Erwartungen setzen. Wie oft habe ich schon ein Gericht nach einem Rezept zubereitet und war enttäuscht, weil es nicht genau so aussah wie auf dem Bild? Diesen Druck, ein perfektes, fotogenes Ergebnis zu erzielen, möchte ich dir ersparen. Ich möchte, dass du das Kochen genießt, ohne dich ständig mit einem Bild vergleichen zu müssen. Es geht um den Geschmack, das Erlebnis und das Teilen von Mahlzeiten mit denen, die dir nahe stehen, nicht um die Perfektion eines Fotos.

Ein weiterer Aspekt ist die Einzigartigkeit. Jeder von uns hat einen anderen Geschmack, andere Vorlieben und einen anderen Stil beim Anrichten. Wenn du mein Rezept nimmst und es zu deinem eigenen machst, wird es etwas Einzigartiges sein, etwas, das nur du so kreieren kannst. Und dieser Gedanke erfüllt mich mit Freude.

Schließlich möchte ich, dass mein Kochbuch nicht nur eine Anleitung, sondern auch eine Inspirationsquelle ist. Ich hoffe, dass du die Freiheit, die ich dir durch das Fehlen von Bildern gebe, als eine Einladung siehst, zu experimentieren, zu improvisieren und über den Tellerrand hinauszuschauen.

Frühstücksideen

Apfel-Zimt-Haferflocken

Zubereitungszeit: 10 Minuten
Portionen: 1 Person

Zutaten:

- 50 g Haferflocken
- 150 ml Mandelmilch, unge-süßt
- 1 mittelgroßer Apfel, ge-schält und gewürfelt
- 1/4 TL Zimt
- 1 EL gehackte Walnüsse
- Ein Spritzer Bio-Zitronensaft

Zubereitung:

1. Gib die Haferflocken und die Mandelmilch in einen kleinen Topf. Erhitze die Mischung bei mittlerer Hitze.

2. Währenddessen schäle den Apfel, entferne das Kerngehäuse und würfle ihn in kleine Stücke. Träufle ein wenig Zitronensaft über die Apfelstücke, um sie frisch zu halten.

3. Sobald die Haferflocken-Milch-Mischung zu köcheln beginnt, füge die Apfelwürfel und den Zimt hinzu. Rühre alles gut um und lasse es für weitere 5 Minuten köcheln, bis die Haferflocken weich sind und die Äpfel eine zarte Konsistenz haben.

4. Währenddessen hacke die Walnüsse grob.

5. Nimm den Topf vom Herd, wenn die Haferflocken die gewünschte Konsistenz erreicht haben, und lass das Ganze kurz abkühlen.

6. Serviere die Haferflocken in einer Schüssel, bestreue sie mit den gehackten Walnüssen und gib bei Bedarf einen weiteren Spritzer Zitronensaft hinzu. Guten Appetit.

Pfannkuchen mit Beeren

Zubereitungszeit: 15 Minuten
Portionen: 1 Person

Zutaten:

- 50 g Dinkelvollkornmehl
- 1 Bio-Ei Größe M
- 75 ml Mandelmilch, ungesüßt
- 1 Prise Salz
- 1/2 TL Backpulver
- 1 TL natives Olivenöl extra
- 50 g gemischte Beeren (Himbeeren, Blaubeeren, Erdbeeren), frisch und geviertelt
- Ein paar Blätter frische Minze zum Garnieren

Zubereitung:

1. In einer Schüssel das Vollkornmehl mit Backpulver und Salz vermischen.

2. Das Ei aufschlagen und zusammen mit der Mandelmilch zum Mehl geben. Alles gründlich verrühren, bis ein glatter Teig entsteht. Wenn der Teig zu dick ist, kannst du noch ein wenig Mandelmilch hinzufügen.

3. Eine Pfanne bei mittlerer Hitze erwärmen und das Olivenöl hinzufügen.

4. Sobald das Öl heiß ist, die Hälfte des Teigs in die Pfanne geben und zu einem runden Pfannkuchen formen. Nach etwa 2-3 Minuten, wenn kleine Blasen auf der Oberfläche erscheinen, den Pfannkuchen wenden und auf der anderen Seite goldbraun backen.

5. Den Pfannkuchen aus der Pfanne nehmen und den Vorgang mit dem restlichen Teig wiederholen.

6. Die Pfannkuchen mit den frischen Beeren belegen und mit Minzblättern garnieren. Guten Appetit.

Quinoa-Frühstücksbrei mit Nüssen

Zubereitungszeit: 15 Minuten
Portionen: 1 Person

Zutaten:

- 50 g Quinoa, gut gespült und abgetropft
- 200 ml Mandelmilch, ungesüßt
- 1 TL Zimt
- 1 Apfel, gewürfelt
- 10 g Walnüsse, grob gehackt
- 5 g Mandeln, grob gehackt
- 1 TL Chiasamen
- 1 TL Leinsamen, geschrotet
- Ein paar Brombeeren zum Garnieren

Zubereitung:

1. Gib die Quinoa zusammen mit der Mandelmilch und dem Zimt in einen kleinen Topf. Lass alles auf mittlerer Hitze zum Kochen bringen. Sobald es kocht, reduziere die Hitze und lass es für etwa 10 bis 15 Minuten köcheln, bis die Quinoa weich ist und die Milch größtenteils aufgenommen wurde. Rühre gelegentlich um, damit nichts anbrennt.

2. Während die Quinoa köchelt, nimm den gewürfelten Apfel und gib ihn in eine separate Pfanne mit ein wenig Wasser. Lass ihn bei mittlerer Hitze für etwa 5 Minuten dünsten, bis der Apfel weich wird.

3. Sobald die Quinoa fertig gekocht ist, rühre die gedünsteten Apfelwürfel unter. Füge dann die gehackten Walnüsse, Mandeln, Chiasamen und Leinsamen hinzu. Vermische alles gut.

4. Gib den Frühstücksbrei in eine Schüssel und garniere ihn mit einigen frischen Brombeeren. Guten Appetit.

Rührei mit Spinat und Feta

Zubereitungszeit: 10 Minuten
Portionen: 1 Person

Zutaten:

- 2 Bio-Eier Größe M
- 50 g frischer Spinat, gewaschen und grob gehackt
- 30 g Feta, zerkrümelt
- 1 TL natives Olivenöl extra
- 1 Knoblauchzehe, fein gehackt
- Salz und Pfeffer nach Geschmack
- 1 EL gehackte Walnüsse

Zubereitung:

1. Erhitze das Olivenöl in einer Pfanne auf mittlerer Stufe. Füge den gehackten Knoblauch hinzu und dünste ihn kurz an, bis er duftet, aber achte darauf, dass er nicht verbrennt.

2. Gib den frischen Spinat in die Pfanne und brate ihn an, bis er zusammenfällt. Dies dauert nur ein paar Minuten. Würze leicht mit Salz und Pfeffer.

3. Schlage die Eier in einer Schüssel auf und verquirle sie mit einer Gabel. Gieße sie dann über den Spinat in der Pfanne.

4. Lass die Eier bei niedriger bis mittlerer Hitze stocken. Rühre dabei vorsichtig um, sodass ein cremiges Rührei entsteht.

5. Kurz bevor das Rührei fertig ist, streue den zerkrümelten Feta und die Walnüsse darüber. Lasse den Feta leicht schmelzen und die Walnüsse ein wenig mitwärmen.

6. Richte das Rührei auf einem Teller an. Falls gewünscht, kannst du es mit ein paar frischen Spinatblättern oder Kräutern garnieren. Guten Appetit.

Brombeer-Joghurt-Smoothie

Zubereitungszeit: 5 Minuten
Portionen: 1 Person

Zutaten:

- 100 g frische Brombeeren, gewaschen
- 150 g Naturjoghurt (bis 3,5 % Fett)
- 50 ml Kokosmilch, ungesüßt
- 1 TL Chiasamen
- 1/2 TL Zimtpulver
- Einige Eiswürfel, optional

Zubereitung:

1. Nimm einen leistungsfähigen Mixer und gib zuerst die frischen Brombeeren hinein.
2. Füge den Naturjoghurt hinzu.
3. Gieße die Kokosmilch über die Brombeeren und den Joghurt.
4. Streue die Chiasamen und das Zimtpulver dazu.
5. Wenn du möchtest, kannst du einige Eiswürfel für eine erfrischende Kühle hinzufügen.
6. Mixe alle Zutaten auf höchster Stufe, bis der Smoothie glatt und cremig ist.
7. Gieße den Smoothie in ein hohes Glas und genieße ihn. Guten Appetit.

Haferkleie-Müsli

Zubereitungszeit: 10 Minuten
Portionen: 1 Person

Zutaten:

- 40 g Haferkleie
- 200 ml Mandelmilch, ungesüßt
- 1 mittelgroßer Apfel, gewürfelt
- 10 g Walnüsse, grob gehackt
- 5 g Kürbiskerne
- 1 TL Chiasamen
- 1 Prise Zimt
- Ein paar frische Brombeeren
  zum Garnieren

Zubereitung:

1. Beginne damit, die Haferkleie in eine kleine Schüssel zu geben.
2. Erwärme die Mandelmilch in einem kleinen Topf auf mittlerer Stufe, bis sie leicht warm ist, aber nicht kocht. Gieße die warme Mandelmilch dann über die Haferkleie.
3. Während die Haferkleie beginnt, die Mandelmilch aufzusaugen und zu quellen, würfle den Apfel in kleine, mundgerechte Stücke und hacke die Walnüsse grob.
4. Gib die Apfelwürfel, die gehackten Walnüsse, Kürbiskerne und Chiasamen zum Müsli hinzu. Vermische alles sorgfältig.
5. Bestreue dein Müsli mit einer Prise Zimt für das gewisse Etwas.
6. Lasse das Müsli für etwa 5 Minuten ruhen, damit die Chiasamen aufquellen können und das Müsli eine angenehme Konsistenz bekommt.
7. Garniere dein Müsli vor dem Servieren mit ein paar frischen Brombeeren. Guten Appetit.

Vollkornbrot mit Avocado und Tomate

Zubereitungszeit: 10 Minuten
Portionen: 1 Person

Zutaten:

- 2 Scheiben Vollkornbrot
- 1/2 Avocado, geschält und in Scheiben geschnitten
- 2 Tomaten, in Scheiben geschnitten
- Einige Blätter frischen Spinat, gewaschen
- 1 EL natives Olivenöl extra
- Ein Spritzer frischer Bio-Zitronensaft
- Eine Prise Meersalz
- Frisch gemahlener schwarzer Pfeffer
- 1 EL gehackte Walnüsse

Zubereitung:

1. Das Vollkornbrot in einem Toaster oder in einer heißen Pfanne ohne Öl beidseitig goldbraun toasten.

2. Die Avocadoscheiben gleichmäßig auf den beiden Brotscheiben verteilen. Mit einer Gabel leicht zerdrücken.

3. Die Tomatenscheiben auf die Avocado legen. Darauf achten, dass jede Scheibe verteilt ist.

4. Ein paar Spinatblätter auf die Tomaten legen.

5. Das Olivenöl über die Brote träufeln und dann mit einem Spritzer Zitronensaft abschmecken.

6. Mit einer Prise Meersalz und frisch gemahlenem schwarzen Pfeffer würzen.

7. Zum Schluss die gehackten Walnüsse über die belegten Brote streuen. Guten Appetit.

Porridge mit Apfel und Blaubeeren

Zubereitungszeit: 15 Minuten
Portionen: 1 Person

Zutaten:

- 50 g Haferflocken
- 200 ml Kokosmilch, ungesüßt
- 1 Apfel, geschält und in kleine Würfel geschnitten
- 30 g Blaubeeren, frisch und gewaschen
- 1 TL Zimt
- 1 Prise Salz
- 5 g Walnüsse, grob gehackt

Zubereitung:

1. Gib die Haferflocken zusammen mit der Kokosmilch in einen kleinen Topf. Füge eine Prise Salz hinzu. Erhitze die Mischung bei mittlerer Hitze, bis sie zu köcheln beginnt.

2. Sobald der Porridge köchelt, rühre die Apfelwürfel ein und lass alles für etwa 5-7 Minuten sanft köcheln. Rühre gelegentlich um, damit nichts am Boden des Topfes anbrennt.

3. Kurz vor Ende der Kochzeit gibst du den Zimt hinzu und rührst ihn unter.

4. Nimm den Porridge vom Herd, sobald er die gewünschte Konsistenz erreicht hat. Er sollte cremig, aber nicht zu flüssig sein. Sollte er zu dick sein, kannst du noch etwas Kokosmilch unterrühren.

5. Serviere den Porridge in einer Schüssel und verteile die frischen Blaubeeren sowie die gehackten Walnüsse als Topping darüber. Guten Appetit.

Himbeer-Chia-Pudding

Zubereitungszeit: 15 Minuten
Portionen: 1 Person

Zutaten:

- 150 ml Mandelmilch, ungesüßt
- 30 g Chiasamen
- 100 g Himbeeren, frisch
- 1 TL Bio-Zitronensaft, frisch
gepresst
- 1/2 TL Vanilleextrakt
- 2 EL gehackte Mandeln zum
Garnieren
- Einige Blätter frische Minze
zum Garnieren

Zubereitung:

1. Gieße die Mandelmilch in eine mittelgroße Schüssel. Füge die Chiasamen hinzu und verrühre sie gründlich mit der Mandelmilch. Lasse die
Mischung für etwa 10 Minuten ruhen, bis sie beginnt, zu gelieren.

2. Während die Chiasamen quellen, nimm die Himbeeren und püriere sie
in einem kleinen Mixer zusammen mit dem Zitronensaft und dem Vanilleextrakt, bis eine glatte Masse entsteht.

3. Überprüfe die Konsistenz der Chiasamen-Mandelmilch-Mischung. Sie
sollte jetzt eine puddingähnliche Textur haben. Falls sie dir zu fest er-
scheint, kannst du ein wenig mehr Mandelmilch einrühren, bis die gewünschte Konsistenz erreicht ist.

4. Gib nun die Himbeersauce über den Chia-Pudding.

5. Garniere den Pudding mit den gehackten Mandeln und einigen frischen Minzblättern. Guten Appetit.

Pfirsich-Quark-Creme

Zubereitungszeit: 15 Minuten
Portionen: 1 Person

Zutaten:

- 1 mittelgroßer Pfirsich, frisch und gewürfelt
- 150 g Quark (bis 20 % Fett)
- 1 TL Chiasamen
- 1 TL Mandelmilch, ungesüßt
- 1/2 TL Zimt
- Ein paar frische Minzblätter zum Garnieren
- Eine Prise gemahlene Vanille

Zubereitung:

1. Beginne damit, den Pfirsich gründlich zu waschen. Halbiere ihn, entferne den Stein und würfle das Fruchtfleisch in kleine, mundgerechte Stücke.

2. In einer mittelgroßen Schüssel mische den Quark mit der Mandelmilch, bis eine gleichmäßige Konsistenz entsteht. Füge den Zimt und die gemahlene Vanille hinzu und rühre alles gut um.

3. Streue die Chiasamen über die Quarkmischung und rühre erneut, bis sie vollständig eingearbeitet sind.

4. Füge die Pfirsichwürfel zur Quarkmischung hinzu und hebe sie vorsichtig unter, sodass sie gleichmäßig in der Creme verteilt sind.

5. Lasse die Creme für etwa 10 Minuten im Kühlschrank ziehen, damit die Chiasamen quellen können.

6. Vor dem Servieren die Creme in ein Glas oder eine Schale geben und mit frischen Minzblättern garnieren. Guten Appetit.

Aprikosen-Nuss-Müsli

Zubereitungszeit: 10 Minuten
Portionen: 1 Person

Zutaten:

- 50 g Haferflocken
- 100 ml Mandelmilch, ungesüßt
- 30 g Aprikosen, frisch und
  gewürfelt
- 15 g Walnüsse, grob gehackt
- 1 TL Chiasamen
- 1/2 TL Zimt
- Ein Spritzer Bio-Zitronensaft

Zubereitung:

1. Gib die Haferflocken in eine Schüssel. Übergieße sie mit der Mandelmilch und rühre um, damit die Haferflocken gut von der Milch aufgenommen werden können.

2. Füge die gewürfelten Aprikosen und die grob gehackten Walnüsse
   hinzu.

3. Streue die Chiasamen über das Müsli.

4. Streue den Zimt über das Müsli und gib einen Spritzer Zitronensaft
   darüber.

5. Rühre alles gut um und lass es für etwa 5 Minuten stehen, damit die
   Chiasamen quellen können. Guten Appetit.

Zucchini-Pfannkuchen mit Quark

Zubereitungszeit: 20 Minuten
Portionen: 1 Person

Zutaten:

- 1 mittelgroße Zucchini, grob geraspelt
- 2 Bio-Eier Größe M
- 30 g Vollkornmehl (z.B. Dinkel- oder Roggen)
- 1 Prise Salz
- 1 Prise frisch gemahlener schwarzer Pfeffer
- 1 EL natives Olivenöl extra
- 100 g Quark (bis 20 % Fett)
- 1 EL frische Kräuter (z.B. Schnittlauch oder Petersilie), fein gehackt
- 50 g frischer Blattspinat, grob gehackt

Zubereitung:

1. Drücke die geraspelte Zucchini in einem sauberen Tuch fest aus, um überschüssiges Wasser zu entfernen. Dies ist wichtig, damit die Pfannkuchen nicht zu feucht werden.

2. In einer Schüssel die Eier schlagen und mit dem Vollkornmehl verrühren. Füge die ausgedrückte Zucchini, Salz und Pfeffer hinzu und vermische alles zu einem gleichmäßigen Teig.

3. Erhitze das Olivenöl in einer Pfanne bei mittlerer Hitze. Gib die Hälfte des Teigs in die Pfanne und forme einen Pfannkuchen. Brate ihn für etwa 3-4 Minuten, bis er auf der Unterseite goldbraun und fest ist, dann wende ihn vorsichtig und brate ihn weitere 3-4 Minuten. Wiederhole den Vorgang mit dem restlichen Teig.

4. Während die Pfannkuchen braten, mische den Quark mit den frischen Kräutern. Schmecke mit einer Prise Salz und Pfeffer ab.

5. Serviere die Zucchini-Pfannkuchen mit dem Kräuterquark und garniere sie mit grob gehacktem Blattspinat. Guten Appetit.

Erdbeer-Kokosmilch-Shake

Zubereitungszeit: 5 Minuten
Portionen: 1 Person

Zutaten:

- 150 g Erdbeeren, frisch und geputzt
- 200 ml Kokosmilch, ungesüßt
- 1 TL Chiasamen
- 1/2 Bio-Zitrone, den Saft davon
- Einige Eiswürfel
- 1 TL Mandelmilch, ungesüßt
- Einige frische Minzblätter zum Garnieren

Zubereitung:

1. Gib die Erdbeeren zusammen mit der Kokosmilch in einen Mixer.

2. Füge die Chiasamen hinzu.

3. Presse den Saft der halben Zitrone aus und gib ihn in den Mixer.

4. Wenn du möchtest, dass dein Shake noch cremiger wird, kannst du einen Teelöffel Mandelmilch hinzufügen.

5. Füge einige Eiswürfel hinzu, um deinen Shake kühl und erfrischend zu machen.

6. Mixe alle Zutaten auf hoher Stufe, bis der Shake eine glatte Konsistenz erreicht hat.

7. Gieße den Shake in ein hohes Glas und garniere ihn mit ein paar frischen Minzblättern. Guten Appetit.

Räucherlachs auf Vollkorntoast

Zubereitungszeit: 15 Minuten
Portionen: 1 Person

Zutaten:

- 2 Scheiben Vollkornbrot
- 60 g Räucherlachs, in Scheiben
- 1 EL Mandelmilch, ungesüßt
- 1/4 Bio-Zitrone, der Saft davon
- 1 EL frischer Dill, fein gehackt
- 2 EL Avocado, gewürfelt
- Einige Blätter frischer Spinat
- 1 TL natives Olivenöl extra
- Eine Prise schwarzer Pfeffer
- Ein paar dünne Scheiben Gurke

Zubereitung:

1. Toaste das Vollkornbrot in einem Toaster oder in einer Pfanne ohne Öl, bis es knusprig ist.

2. Während das Brot toastet, vermische in einer kleinen Schüssel den Räucherlachs mit dem Zitronensaft, der Mandelmilch und dem frischen Dill. Lasse die Mischung kurz marinieren.

3. In einer anderen kleinen Schüssel vermische die gewürfelte Avocado mit dem Olivenöl und einer Prise schwarzen Pfeffer. Rühre vorsichtig um, damit die Avocado nicht zu Brei wird.

4. Sobald das Brot getoastet ist, lege es auf einen Teller. Belege die Toastscheiben zunächst mit einigen Spinatblättern und dann mit den dünnen Gurkenscheiben.

5. Verteile die Avocado-Mischung gleichmäßig auf den beiden Toastscheiben.

6. Lege abschließend den marinierten Räucherlachs auf die Avocado.

7. Garniere das Ganze mit einem zusätzlichen Spritzer Zitronensaft und einem Dillzweig, falls gewünscht. Guten Appetit.

Spinat-Omelett mit Pilzen

Zubereitungszeit: 15 Minuten
Portionen: 1 Person

Zutaten:

- 2 Bio-Eier Größe M
- 1 Handvoll frischer Spinat, grob gehackt
- 5 frische Champignons, geputzt und in Scheiben geschnitten
- 1 EL natives Olivenöl extra
- 1 EL Mandelmilch, ungesüßt
- 1 TL frische Petersilie, fein gehackt
- Salz und Pfeffer, nach Geschmack
- 1 EL geriebener Käse (bis 45 % Fett i. Tr.)

Zubereitung:

1. In einer mittelgroßen Pfanne das Olivenöl bei mittlerer Hitze erwärmen. Die Champignonscheiben hinzufügen und braten, bis sie leicht gebräunt sind. Den gehackten Spinat dazugeben und für 1-2 Minuten mitbraten, bis er zusammenfällt.

2. In einer Schüssel die Eier mit der Mandelmilch verquirlen. Mit Salz und Pfeffer würzen. Die Petersilie unterrühren.

3. Die Eiermischung gleichmäßig über die Pilze und den Spinat in der Pfanne gießen. Wenn du möchtest, kannst du jetzt den Käse über das Omelett streuen.

4. Das Omelett bei niedriger Hitze garen lassen, bis die Eier fast vollständig gestockt sind. Dann mit einem Spatel das Omelett vorsichtig in der Hälfte zusammenklappen.

5. Das Omelett weitere 1-2 Minuten garen, bis es vollständig gestockt ist, aber innen noch saftig.

6. Das Omelett auf einen Teller gleiten lassen. Guten Appetit.

Salate

Mediterraner Linsensalat

Zubereitungszeit: 20 Minuten
Portionen: 1 Person

Zutaten:

- 50 g Belugalinsen, gut gespült und abgetropft
- 1 kleine Bio-Zitrone, nur der Saft
- 1 EL natives Olivenöl extra
- Eine Prise Meersalz
- Frisch gemahlener schwarzer Pfeffer
- 1/2 kleine rote Paprika, fein gewürfelt
- 1/4 Gurke, entkernt und gewürfelt
- 5 Kirschtomaten, geviertelt
- 1 EL rote Zwiebel, fein gehackt
- 1 EL frische Petersilie, fein gehackt
- 2 EL Feta, gewürfelt
- 2 EL Rucola

Zubereitung:

1. Koche die Belugalinsen gemäß Packungsanleitung, bis sie bissfest sind. Spüle sie anschließend unter kaltem Wasser ab und lasse sie gut abtropfen.

2. In einer großen Schüssel vermische den Zitronensaft, Olivenöl, Meersalz und den schwarzen Pfeffer zu einem Dressing.

3. Füge die rote Paprika, Gurke, Kirschtomaten und rote Zwiebel zu dem Dressing hinzu und mische alles gut durch.

4. Gib nun die abgekühlten Linsen dazu und rühre vorsichtig um, damit sich alle Zutaten gleichmäßig verteilen.

5. Kurz vor dem Servieren den Rucola und die Petersilie unterheben und den Feta darüber streuen.

6. Schmecke den Salat abschließend noch einmal ab und passe die Gewürze bei Bedarf an. Guten Appetit.

Spinat-Salat mit Himbeeren und Walnüssen

Zubereitungszeit: 15 Minuten
Portionen: 1 Person

Zutaten:

- 100 g frischer Spinat, gewaschen und trocken geschleudert
- 50 g Himbeeren, frisch
- 30 g Walnüsse, grob gehackt
- 1 EL natives Olivenöl extra
- 1/2 EL Balsamico-Essig
- 1 TL Senf
- 1 kleine Schalotte, fein gewürfelt
- Salz und Pfeffer, nach Geschmack
- Einige frische Minzblätter, fein geschnitten

Zubereitung:

1. Beginne damit, den frischen Spinat in eine große Salatschüssel zu geben. Achte darauf, dass der Spinat wirklich gut trocken ist, damit das Dressing später gut haftet.

2. Verteile die frischen Himbeeren gleichmäßig über den Spinat.

3. Streue die grob gehackten Walnüsse über die Himbeeren und den Spinat.

4. In einer kleinen Schüssel vermischst du Olivenöl, Balsamico-Essig und Senf zu einem Dressing. Füge die fein gewürfelten Schalotten hinzu und verrühre alles gut. Mit Salz und Pfeffer abschmecken.

5. Gieße das Dressing über den Salat und vermische alles vorsichtig, sodass Spinat, Himbeeren und Walnüsse gleichmäßig damit überzogen sind.

6. Zum Schluss bestreue den Salat mit den fein geschnittenen Minzblättern. Guten Appetit.

Quinoa-Gemüsesalat mit Zitronendressing

Zubereitungszeit: 20 Minuten
Portionen: 1 Person

Zutaten:

- 50 g Quinoa, gut gespült und abgetropft
- 200 ml Wasser
- 1 Handvoll Spinat, grob gehackt
- 1/2 rote Paprika, in Würfel geschnitten
- 5 Kirschtomaten, halbiert
- 1/4 Gurke, in Würfel geschnitten
- 1 EL Kürbiskerne
- 2 EL natives Olivenöl extra
- Saft von 1/2 Bio-Zitrone
- 1 TL frische Petersilie, fein gehackt
- Salz und Pfeffer nach Geschmack

Zubereitung:

1. Bringe das Wasser in einem kleinen Topf zum Kochen. Füge Quinoa hinzu und reduziere die Hitze. Lass es etwa 15 Minuten köcheln, bis die Quinoa das Wasser aufgenommen hat. Nimm den Topf vom Herd und lass die Quinoa abkühlen.

2. In der Zwischenzeit bereite das Gemüse vor. Gib den gehackten Spinat, die rote Paprika, die Kirschtomaten und die Gurke in eine große Schüssel.

3. Für das Dressing mische in einer kleinen Schüssel Olivenöl und Zitronensaft. Füge die gehackte Petersilie hinzu und würze es mit Salz und Pfeffer nach deinem Geschmack.

4. Gib die abgekühlte Quinoa zu dem Gemüse in die Schüssel. Gieße das Dressing darüber und vermische alles gut.

5. Bestreue den Salat vor dem Servieren mit Kürbiskernen. Guten Appetit.

Rote-Bete-Carpaccio mit Rucola

Zubereitungszeit: 20 Minuten
Portionen: 1 Person

Zutaten:

- 1 mittelgroße Rote Bete, roh und geschält
- 1 Handvoll Rucola, gewaschen
- 50 g Feta, zerbröckelt
- 10 g Walnüsse, grob gehackt
- 1 EL natives Olivenöl extra
- 1/2 Bio-Zitrone, der Saft davon
- Salz nach Geschmack
- Frisch gemahlener schwarzer Pfeffer nach Geschmack

Zubereitung:

1. Beginne damit, die Rote Bete in hauchdünne Scheiben zu schneiden. Benutze dafür am besten ein scharfes Messer oder eine Mandoline, um gleichmäßige Scheiben zu erhalten.

2. Verteile die Rote-Bete-Scheiben auf einem Teller in einer fächerartigen Anordnung.

3. Gib den Rucola locker über die Rote Bete.

4. Bestreue das Carpaccio mit dem zerbröckelten Feta und den grob gehackten Walnüssen.

5. Für das Dressing vermischst du das Olivenöl mit dem frisch gepressten Saft der Zitrone. Würze es mit einer Prise Salz und frisch gemahlenem schwarzen Pfeffer.

6. Träufle das Dressing gleichmäßig über das Carpaccio.

7. Zum Schluss das Gericht mit einer Prise Salz und schwarzen Pfeffer abschmecken. Guten Appetit.

Gurken-Salat mit Tomaten und Ziegenkäse

Zubereitungszeit: 15 Minuten
Portionen: 1 Person

Zutaten:

- 100 g Gurke, gewürfelt
- 80 g Tomaten, gewürfelt
- 30 g Ziegenkäse, zerkrümelt
- 10 g Walnüsse, grob gehackt
- 1 EL natives Olivenöl extra
- 1 TL frischer Bio-Zitronen-saft
- Eine Prise frischer Dill, fein gehackt
- Salz und frisch gemahlener schwarzer Pfeffer nach Geschmack

Zubereitung:

1. Beginne damit, die Gurke und die Tomaten zu waschen. Anschließend würfelst du beide Zutaten in gleichmäßige Stücke.

2. Nimm eine mittelgroße Schüssel zur Hand und vermische die gewürfelte Gurke und Tomate.

3. Füge nun den zerkrümelten Ziegenkäse hinzu.

4. Als nächstes gibst du die grob gehackten Walnüsse darüber.

5. Für das Dressing vermischst du das Olivenöl mit dem Zitronensaft in einer kleinen Schale. Würze es mit Salz und frisch gemahlenem schwarzen Pfeffer nach deinem Geschmack.

6. Gieße das Dressing über den Salat und vermische alles vorsichtig, damit die Zutaten gleichmäßig mit dem Dressing bedeckt sind.

7. Zum Schluss streust du den fein gehackten Dill über den Salat.

8. Richte den Salat in einem tiefen Teller an. Guten Appetit.

Gemischter Beeren-Nusssalat

Zubereitungszeit: 15 Minuten
Portionen: 1 Person

Zutaten:

- 50 g frische Himbeeren
- 50 g frische Blaubeeren
- 50 g frische Erdbeeren, geviertelt
- 30 g Walnüsse, grob gehackt
- 1 EL Mandelmilch, ungesüßt
- 1 TL frisch gepresster Bio-Zitronensaft
- 1 TL frische Minzblätter, fein gehackt
- Eine Prise gemahlener Zimt

Zubereitung:

1. Nimm eine mittelgroße Schüssel und mische die Himbeeren, Blaubeeren und die geviertelten Erdbeeren vorsichtig zusammen.

2. In einer kleinen, trockenen Pfanne die Walnüsse bei mittlerer Hitze leicht anrösten, bis sie duften. Achte darauf, dass sie nicht verbrennen. Lass sie anschließend abkühlen.

3. Über die Beeren die abgekühlten, gerösteten Walnüsse streuen.

4. In einer kleinen Schale Mandelmilch, Zitronensaft, Minzblätter und eine Prise Zimt verrühren. Diese Mischung gleichmäßig über den Salat träufeln.

5. Vor dem Servieren den Salat noch einmal vorsichtig umrühren, damit sich das Dressing gut verteilt. Guten Appetit.

Grünkohlsalat mit Avocado und Mandeln

Zubereitungszeit: 20 Minuten
Portionen: 1 Person

Zutaten:

- 100 g Grünkohl, frisch und in feine Streifen geschnitten
- 1 Avocado, gewürfelt
- 30 g Mandeln, grob gehackt
- 1/2 Bio-Zitrone, Saft davon
- 2 EL natives Olivenöl extra
- 1 kleine Knoblauchzehe, fein gehackt
- Salz und frisch gemahlener schwarzer Pfeffer nach Geschmack
- Einige frische Erdbeeren, in Scheiben geschnitten
- 50 g geräuchertes Forellenfilet, in Stücke zerteilt

Zubereitung:

1. Beginne damit, den Grünkohl in eine große Schüssel zu geben. Füge den Knoblauch, Olivenöl, Zitronensaft, Salz und Pfeffer hinzu. Mische alles gut durch und knete den Grünkohl mit den Händen etwas, damit er weicher wird.

2. Füge die Avocadowürfel hinzu und vermische sie vorsichtig mit dem Grünkohl, um sie nicht zu zerdrücken.

3. Röste die Mandeln in einer Pfanne ohne Öl bei mittlerer Hitze für ein paar Minuten, bis sie leicht gebräunt sind und duften. Lass sie anschließend abkühlen.

4. Gib die gerösteten Mandeln, die Erdbeerscheiben und die Forellenstücke zum Salat. Vermische alles behutsam, damit die Zutaten gut verteilt sind.

5. Schmecke den Salat abschließend nochmals mit Salz und Pfeffer ab und richte ihn auf einem Teller an. Guten Appetit.

Brokkolisalat mit Sonnenblumenkernen

Zubereitungszeit: 20 Minuten
Portionen: 1 Person

Zutaten:

- 150 g Brokkoli, in kleine Röschen geschnitten und blanchiert
- 20 g Sonnenblumenkerne, trocken geröstet
- 50 g grüne Paprika, gewürfelt
- 1 EL natives Olivenöl extra
- 1 TL Apfelessig
- 1/4 TL Salz
- Eine Prise frisch gemahlener schwarzer Pfeffer
- 2 EL gehackte frische Petersilie
- 50 g geriebener Apfel (z.B. Granny Smith)

Zubereitung:

1. Setze einen Topf mit Wasser auf und bringe es zum Kochen. Gib die Brokkoliröschen hinein und blanchiere sie für etwa 2 Minuten, bis sie gerade weich, aber noch bissfest sind. Schrecke sie anschließend in eiskaltem Wasser ab, um den Kochvorgang zu stoppen. Lasse sie gut abtropfen.

2. In einer trockenen Pfanne die Sonnenblumenkerne bei mittlerer Hitze rösten, bis sie leicht gebräunt sind und duften sind. Achte darauf, sie häufig zu wenden, damit sie nicht anbrennen. Nimm sie dann vom Herd und lasse sie abkühlen.

3. In einer großen Schüssel den blanchierten Brokkoli, die gerösteten Sonnenblumenkerne, die Paprikawürfel und den geriebenen Apfel vermengen.

4. Für das Dressing in einer kleinen Schüssel Olivenöl, Apfelessig, Salz und Pfeffer verrühren. Das Dressing über den Salat gießen und gut umrühren, damit alles gleichmäßig bedeckt ist.

5. Zum Schluss die gehackte Petersilie unterheben und den Salat noch einmal abschmecken. Eventuell mit etwas mehr Salz und Pfeffer nachwürzen. Guten Appetit.

Kichererbsensalat

Zubereitungszeit: 15 Minuten
Portionen: 1 Person

Zutaten:

- 150 g Kichererbsen aus der Dose, gut gespült und abgetropft
- 1 rote Paprika, gewürfelt
- 1 kleine Handvoll Koriander, grob gehackt
- 2 EL natives Olivenöl extra
- 1 EL frisch gepresster Bio-Zitronensaft
- Eine Prise Salz
- Eine Prise schwarzer Pfeffer
- 50 g Gurke, gewürfelt
- 30 g Feta, zerbröckelt
- 1 EL rote Zwiebel, fein gewürfelt
- 1 EL Walnüsse, grob gehackt

Zubereitung:

1. Beginne damit, die Kichererbsen gründlich zu spülen und lass sie gut abtropfen.

2. Nimm die rote Paprika und die Gurke und würfle sie in mundgerechte Stücke.

3. Schneide die rote Zwiebel fein und gib sie zusammen mit den Paprika- und Gurkenwürfeln zu den Kichererbsen in eine Salatschüssel.

4. Zerbröckle den Feta vorsichtig mit den Fingern und gib ihn zum Salat hinzu.

5. Für das Dressing mische Olivenöl, Zitronensaft, Salz und Pfeffer in einer kleinen Schüssel.

6. Gieße das Dressing über den Salat und mische alles gut durch.

7. Gib zuletzt den gehackten Koriander und die Walnüsse darüber und mische noch einmal leicht. Guten Appetit.

Zucchinisalat mit Pinienkernen

Zubereitungszeit: 15 Minuten
Portionen: 1 Person

Zutaten:

- 1 mittelgroße Zucchini, in dünne Scheiben geschnitten
- 2 EL Pinienkerne, leicht geröstet
- 1 Handvoll Rucola, grob gehackt
- 50 g Feta, zerbröckelt
- 1 EL natives Olivenöl extra
- 1/2 Bio-Zitrone, nur der Saft
- Eine Prise Salz
- Eine Prise weißer Pfeffer, frisch gemahlen
- Ein paar frische Minzblätter, fein gehackt

Zubereitung:

1. Beginne damit, die Zucchini in dünne Scheiben zu schneiden. Du kannst dafür ein scharfes Messer oder einen Gemüsehobel verwenden.

2. Röste die Pinienkerne in einer trockenen Pfanne bei mittlerer Hitze leicht an, bis sie goldbraun sind. Achte darauf, sie ständig zu bewegen, damit sie nicht verbrennen.

3. In einer großen Schüssel den Rucola grob hacken und hinzufügen.

4. Zerbröckle den Feta über den Salat.

5. Für das Dressing vermische in einer kleinen Schüssel das Olivenöl mit dem frisch gepressten Zitronensaft. Würze es mit Salz und Pfeffer nach Geschmack.

6. Gieße das Dressing über den Salat und vermische alles vorsichtig, sodass die Zucchinischeiben und der Rucola gut mit dem Dressing überzogen sind.

7. Streue die gerösteten Pinienkerne und die frisch gehackten Minzblätter über den Salat.

8. Schmecke den Salat abschließend ab. Guten Appetit.

Wassermelonen-Ziegenkäse-Salat

Zubereitungszeit: 15 Minuten
Portionen: 1 Person

Zutaten:

- 150 g Wassermelone, in Würfel geschnitten
- 30 g Ziegenkäse, zerbröckelt
- 1 Handvoll frische Minzblätter, grob gehackt
- 2 EL Walnusskerne, grob gehackt
- 1 EL natives Olivenöl extra
- 1 TL Balsamico-Essig
- Eine Prise Salz
- Frisch gemahlener schwarzer Pfeffer

Zubereitung:

1. Beginne damit, die Wassermelonenwürfel auf einen Teller zu geben.

2. Streue den zerbröckelten Ziegenkäse über die Wassermelonenwürfel.

3. Bestreue das Ganze mit den grob gehackten Minzblättern.

4. Als Nächstes gib die grob gehackten Walnusskerne darüber.

5. In einer kleinen Schüssel vermische das Olivenöl mit dem Balsamico-Essig, einer Prise Salz und frisch gemahlenem schwarzen Pfeffer.

6. Verteile das Dressing gleichmäßig über den Salat.

7. Vermische alles vorsichtig mit einer Gabel, sodass die Zutaten gleichmäßig mit dem Dressing bedeckt sind, aber achte darauf, die Wassermelonenwürfel nicht zu zerdrücken. Guten Appetit.

Spargelsalat mit Ei und Dill

Zubereitungszeit: 15 Minuten
Portionen: 1 Person

Zutaten:

- 150 g grüner Spargel, Enden abgeschnitten und in 3 cm lange Stücke geschnitten
- 1 Bio-Ei, Größe M, hartgekocht und geviertelt
- 1 EL natives Olivenöl extra
- 1 TL Dijon-Senf
- 1 EL frischer Dill, fein gehackt
- 2 EL Apfelessig
- Salz und frisch gemahlener schwarzer Pfeffer
- Einige Blätter frischer Spinat, grob gehackt
- 1 EL gehackte Walnüsse

Zubereitung:

1. Bringe einen Topf mit leicht gesalzenem Wasser zum Kochen und blanchiere den grünen Spargel für etwa 2-3 Minuten, bis er bissfest ist. Schrecke ihn anschließend in eiskaltem Wasser ab, um den Garprozess zu stoppen.

2. In einer kleinen Schüssel das Olivenöl, den Apfelessig und den Dijon-Senf zu einem Dressing verrühren. Mit Salz und Pfeffer abschmecken und den gehackten Dill untermischen.

3. Den abgekühlten Spargel, die Spinatblätter und die Walnüsse in eine Salatschüssel geben. Das Dressing darüber gießen und alles vorsichtig vermengen, sodass die Zutaten gleichmäßig mit dem Dressing bedeckt sind.

4. Den Salat auf einem Teller anrichten und die hartgekochten Eiviertel dekorativ darauf verteilen. Zum Schluss nochmals mit einer Prise Pfeffer bestreuen. Guten Appetit.

Feldsalat mit gerösteten Kürbiskernen

Zubereitungszeit: 15 Minuten
Portionen: 1 Person

Zutaten:

- 75 g Feldsalat, gründlich gewaschen und trocken geschleudert
- 15 g Kürbiskerne, trocken in der Pfanne geröstet
- 50 g Hähnchenbrustfilet, in Streifen geschnitten und gebraten
- 1/2 kleine gelbe Paprika, in dünne Streifen geschnitten
- 1 EL natives Olivenöl extra
- 1/2 EL Apfelessig
- 1 TL Senf
- 1 Prise Salz
- 1 Prise frisch gemahlener schwarzer Pfeffer
- 1/4 TL getrockneter Oregano
- Ein paar frische Basilikumblätter, fein gehackt

Zubereitung:

1. Erhitze eine Pfanne ohne Öl und röste die Kürbiskerne bei mittlerer Hitze unter gelegentlichem Rühren goldbraun. Achte darauf, dass sie nicht verbrennen. Sobald sie fertig sind, nimm sie aus der Pfanne und lass sie abkühlen.

2. In der gleichen Pfanne erhitzt du nun 1/2 EL Olivenöl und brätst die Hähnchenbruststreifen bei mittlerer Hitze, bis sie durchgegart und leicht gebräunt sind. Würze sie mit Salz und Pfeffer. Nimm sie dann aus der Pfanne und lass sie kurz ruhen.

3. In einer großen Schüssel mischst du den Apfelessig, den restlichen Olivenöl, Senf, Salz, Pfeffer, getrockneten Oregano und Basilikum für das Dressing. Rühre alles gut um.

4. Gib den Feldsalat und die Paprikastreifen in die Schüssel mit dem Dressing und vermische alles vorsichtig, damit der Salat gleichmäßig mit dem Dressing überzogen ist.

5. Lege den marinierten Feldsalat auf einen Teller. Verteile die Hähnchenbruststreifen und die gerösteten Kürbiskerne darüber. Guten Appetit.

Artischockenherzsalat

Zubereitungszeit: 15 Minuten
Portionen: 1 Person

Zutaten:

- 200 g Artischockenherzen aus dem Glas, gut abgetropft
- 1 EL natives Olivenöl extra
- 2 EL frischer Bio-Zitronensaft
- 1 kleine Handvoll Rucola
- 50 g gekochte Linsen, gut gespült und abgetropft
- 30 g Walnüsse, grob gehackt
- 1 EL frische Petersilie, fein gehackt
- 1 Prise Salz
- 1 Prise frisch gemahlener schwarzer Pfeffer

Zubereitung:

1. Schneide die Artischockenherzen in dünne Scheiben und lege sie in eine Schüssel. Beträufle sie mit dem Olivenöl und dem Zitronensaft. Sanft umrühren, damit die Artischockenherzen gleichmäßig mariniert werden.

2. Gib den Rucola, die gekochten Linsen und die gehackten Walnüsse zu den Artischocken in die Schüssel.

3. Alles vorsichtig vermengen. Mit Salz und Pfeffer abschmecken.

4. Den Salat auf einem Teller anrichten und mit der frischen Petersilie bestreuen. Guten Appetit.

Endiviensalat mit gebratenem Hähnchen

Zubereitungszeit: 25 Minuten
Portionen: 1 Person

Zutaten:

- 150 g Hähnchenbrust, in Streifen geschnitten
- 1 EL natives Olivenöl extra
- 200 g Endiviensalat, gewaschen und grob zerkleinert
- 1/2 Apfel, in dünne Spalten geschnitten
- 10 g Walnüsse, grob gehackt
- 1 EL Balsamico-Essig
- 1 TL Senf
- 1 EL Wasser
- Salz und Pfeffer nach Geschmack
- Einige frische Kräuter (z.B. Petersilie oder Dill), fein gehackt

Zubereitung:

1. Erhitze das Olivenöl in einer Pfanne über mittlerer Hitze. Gib die Hähnchenstreifen dazu und brate sie, bis sie rundum goldbraun und durchgegart sind. Würze sie mit Salz und Pfeffer. Nimm das Hähnchen aus der Pfanne und lass es kurz ruhen.

2. In der Zwischenzeit bereite das Dressing vor. Vermische in einer kleinen Schüssel den Balsamico-Essig, Senf, Wasser, Salz und Pfeffer. Rühre alles gut um, bis eine homogene Sauce entsteht.

3. In einer großen Schüssel vermische den Endiviensalat, Apfelspalten und die Walnüsse. Gib das Hähnchen hinzu und verteile das Dressing gleichmäßig über den Salat. Vermische alles vorsichtig, damit der Salat gleichmäßig mit dem Dressing bedeckt ist.

4. Bestreue den Salat vor dem Servieren mit den frischen Kräutern. Guten Appetit.

Suppen

Tomaten-Basilikum-Suppe

Zubereitungszeit: 20 Minuten
Portionen: 1 Person

Zutaten:

- 200 g Tomaten, gewürfelt
- 1 kleine rote Zwiebel, fein gewürfelt
- 1 Knoblauchzehe, fein gehackt
- 5 Basilikumblätter, frisch, in feine Streifen geschnitten
- 1 TL natives Olivenöl extra
- 250 ml Wasser
- Salz und Pfeffer nach Geschmack
- 1 Prise getrockneter Oregano
- 50 ml Mandelmilch, ungesüßt
- 1 TL Apfelessig

Zubereitung:

1. Erhitze das Olivenöl in einem Topf bei mittlerer Hitze. Füge die Zwiebeln und den Knoblauch hinzu und brate sie für 2-3 Minuten, bis sie weich, aber nicht gebräunt sind.

2. Gib die gewürfelten Tomaten, eine Prise Salz, Pfeffer und den Oregano dazu. Lasse alles für etwa 5 Minuten köcheln, bis die Tomaten weich geworden sind.

3. Füge das Wasser hinzu und erhöhe die Hitze, um die Suppe zum Kochen zu bringen. Reduziere dann die Hitze und lasse die Suppe für 10 Minuten leise köcheln.

4. Nimm den Topf vom Herd und lass die Suppe etwas abkühlen. Gib dann die Basilikumstreifen und die Mandelmilch hinzu. Püriere die Suppe mit einem Stabmixer, bis sie eine glatte Konsistenz hat. Schmecke sie mit Apfelessig, Salz und Pfeffer ab.

5. Erhitze die Suppe bei Bedarf nochmals leicht, ohne sie zum Kochen zu bringen. Guten Appetit.

Kürbis-Ingwer-Suppe

Zubereitungszeit: 25 Minuten
Portionen: 1 Person

Zutaten:

- 200 g Hokkaido-Kürbis, gewürfelt
- 1 kleine Zwiebel, fein gewürfelt
- 1 cm frischer Ingwer, fein gehackt
- 200 ml Gemüsebrühe
- 1 EL natives Olivenöl extra
- 50 ml Mandelmilch, ungesüßt
- Salz nach Geschmack
- Frisch gemahlener schwarzer Pfeffer nach Geschmack
- Ein paar Kürbiskerne zum Garnieren
- Ein Spritzer frischer Bio-Zitronensaft
- Frische Petersilie, gehackt, zum Garnieren

Zubereitung:

1. Erhitze das Olivenöl in einem mittelgroßen Topf bei mittlerer Hitze. Gib die Zwiebelwürfel hinzu und dünste sie, bis sie glasig sind. Achte darauf, dass sie nicht braun werden.

2. Füge die Ingwerstückchen hinzu und brate sie für etwa 1 Minute mit.

3. Gib die Kürbiswürfel in den Topf und rühre alles gut um. Lass den Kürbis für 2-3 Minuten mit den Zwiebeln und dem Ingwer köcheln, sodass er etwas weich wird.

4. Gieße die Gemüsebrühe dazu und bringe alles zum Kochen. Reduziere die Hitze und lasse die Suppe für etwa 15 Minuten köcheln, oder bis der Kürbis vollständig weich ist.

5. Nimm den Topf vom Herd und püriere die Suppe mit einem Stabmixer, bis sie eine glatte Konsistenz hat.

6. Rühre die Mandelmilch ein und erwärme die Suppe bei niedriger Hitze. Schmecke mit Salz, Pfeffer und einem Spritzer Zitronensaft ab.

7. Serviere die Suppe in einer Schüssel und garniere sie mit Kürbiskernen und gehackter Petersilie. Guten Appetit.

Karotten-Linsen-Suppe

Zubereitungszeit: 25 Minuten
Portionen: 1 Person

Zutaten:

- 150 g Karotten, geschält und in Würfel geschnitten
- 50 g rote Linsen, gut gespült und abgetropft
- 1/2 Bio-Zitrone, nur der Saft
- 1 EL natives Olivenöl extra
- 1 kleine Zwiebel, fein gewürfelt
- 1 Knoblauchzehe, fein gehackt
- 500 ml Wasser
- 1 TL Gemüsebrühe
- 1/2 TL Kurkuma, gemahlen
- 1/4 TL Ingwer, frisch gerieben
- Salz und Pfeffer nach Geschmack
- Ein paar Blätter frischer Spinat, grob gehackt
- 1 EL Kürbiskerne

Zubereitung:

1. Erhitze das Olivenöl in einem mittelgroßen Topf bei mittlerer Hitze. Füge die Zwiebeln und Knoblauch hinzu und dünste sie für etwa 2 Minuten, bis sie weich, aber nicht braun sind.

2. Gib die Karottenwürfel dazu und brate sie leicht an, bis sie beginnen, weich zu werden, etwa 5 Minuten.

3. Füge die roten Linsen, das Wasser und die Gemüsebrühe hinzu. Bring die Mischung zum Kochen, reduziere dann die Hitze und lasse die Suppe etwa 15 Minuten köcheln, bis die Linsen und Karotten weich sind.

4. Würze die Suppe mit Kurkuma und Ingwer. Gib Salz und Pfeffer nach Geschmack dazu.

5. Püriere die Suppe mit einem Stabmixer oder in einem Standmixer, bis sie eine glatte Konsistenz hat. Falls die Suppe zu dick ist, kannst du etwas Wasser hinzufügen, bis die gewünschte Konsistenz erreicht ist.

6. Erwärme die Suppe erneut, falls nötig, und rühre den Zitronensaft ein.

7. Serviere die Suppe in einer Schüssel. Toppe sie mit frischem Spinat und streue Kürbiskerne darüber. Guten Appetit.

Pilzcremesuppe mit Thymian

Zubereitungszeit: 20 Minuten
Portionen: 1 Person

Zutaten:

- 200 g frische Champignons, geputzt und in Scheiben geschnitten
- 1 kleine Zwiebel, fein gewürfelt
- 1 Knoblauchzehe, fein gehackt
- 1 EL natives Olivenöl extra
- 250 ml Kokosmilch, ungesüßt
- 100 ml Wasser
- 1 TL frischer Thymian, gehackt
- Salz und frisch gemahlener weißer Pfeffer nach Geschmack
- 1 TL Apfelessig
- Ein paar frische Thymianblätter zum Garnieren

Zubereitung:

1. Erhitze das Olivenöl in einem mittelgroßen Topf bei mittlerer Hitze. Gib die Zwiebelwürfel hinzu und dünste sie glasig, etwa 2 Minuten. Füge den Knoblauch hinzu und brate ihn kurz mit, bis er duftet.

2. Füge die Champignonscheiben hinzu. Brate sie unter gelegentlichem Rühren an, bis sie weich werden und eine leichte Bräune annehmen, etwa 5 Minuten.

3. Gieße die Kokosmilch und das Wasser hinzu. Bringe die Suppe zum Köcheln und füge den gehackten Thymian hinzu. Lasse alles für 10 Minuten leicht köcheln.

4. Püriere die Suppe mit einem Stabmixer direkt im Topf, bis sie eine cremige Konsistenz erhält. Falls die Suppe zu dick ist, kannst du nach Bedarf noch etwas Wasser hinzufügen.

5. Schmecke die Suppe mit Salz, Pfeffer und Apfelessig ab.

6. Garniere sie zum Schluss mit ein paar frischen Thymianblättern. Guten Appetit.

Spargelcremesuppe

Zubereitungszeit: 20 Minuten
Portionen: 1 Person

Zutaten:

- 200 g frischer grüner Spargel, in kleine Stücke geschnitten
- 1 kleine Schalotte, fein gewürfelt
- 1 Knoblauchzehe, fein gehackt
- 1 EL natives Olivenöl extra
- 250 ml Wasser
- 1 TL Gemüsebrühe
- 50 ml Kokosmilch, ungesüßt
- Salz und frisch gemahlener schwarzer Pfeffer
- 1 TL frischer Bio-Zitronensaft
- Ein paar frische Basilikumblätter, fein gehackt

Zubereitung:

1. In einem mittelgroßen Topf das Olivenöl bei mittlerer Hitze erhitzen. Schalotte und Knoblauch hinzufügen und für etwa 2 Minuten anschwitzen, bis sie weich, aber nicht braun sind.

2. Die Spargelstücke hinzugeben und weitere 3 Minuten dünsten, bis sie leicht weich sind.

3. Wasser und Gemüsebrühe zum Gemüse geben, zum Kochen bringen und dann die Hitze reduzieren. Lass die Suppe etwa 10 Minuten köcheln, bis der Spargel ganz weich ist.

4. Vom Herd nehmen und mit einem Stabmixer die Suppe direkt im Topf pürieren, bis eine gleichmäßige Creme entsteht.

5. Die Kokosmilch einrühren und die Suppe erneut erhitzen. Mit Salz, Pfeffer und Zitronensaft abschmecken.

6. In eine Suppenschale geben und mit Basilikum garnieren. Guten Appetit.

Brokkolisuppe

Zubereitungszeit: 20 Minuten
Portionen: 1 Person

Zutaten:

- 200 g Brokkoli, in Röschen geschnitten
- 30 g Mandeln, grob gehackt
- 1 kleine Zwiebel, fein gewürfelt
- 1 Knoblauchzehe, fein gehackt
- 500 ml Wasser
- 1 EL natives Olivenöl extra
- Salz nach Geschmack
- Frisch gemahlener schwarzer Pfeffer nach Geschmack
- 1 TL Bio-Zitronensaft
- Einige frische Basilikumblätter zum Garnieren

Zubereitung:

1. Erhitze das Olivenöl in einem Topf bei mittlerer Hitze. Füge die Zwiebelwürfel hinzu und brate sie, bis sie weich und glasig sind, etwa 2-3 Minuten. Füge den Knoblauch hinzu und brate ihn für 1 Minute.

2. Gib die Brokkoliröschen in den Topf und röste sie leicht mit den Zwiebeln und dem Knoblauch an. Füge das Wasser hinzu und bringe die Suppe zum Kochen. Reduziere die Hitze und lasse die Suppe für etwa 10-15 Minuten köcheln, bis der Brokkoli weich ist.

3. Während die Suppe köchelt, röste die gehackten Mandeln in einer Pfanne ohne Öl bei mittlerer Hitze goldbraun. Achte darauf, sie häufig zu wenden, damit sie nicht verbrennen. Nimm sie vom Herd, sobald sie fertig sind.

4. Nimm den Topf vom Herd, wenn der Brokkoli weich ist. Püriere die Suppe mit einem Stabmixer oder in einem Standmixer, bis sie eine glatte Konsistenz hat. Gib die Suppe zurück in den Topf und erwärme sie bei Bedarf.

5. Schmecke die Suppe mit Salz, frisch gemahlenem schwarzen Pfeffer und Zitronensaft ab.

6. Serviere die Suppe in einer Schüssel, streue die gerösteten Mandeln darüber und garniere sie mit Basilikumblättern. Guten Appetit.

Rote Linsensuppe

Zubereitungszeit: 25 Minuten
Portionen: 1 Person

Zutaten:

- 50 g rote Linsen, gut gespült und abgetropft
- 200 ml Kokosmilch, ungesüßt
- 200 ml Wasser
- 1 TL natives Olivenöl extra
- 1/4 TL Kurkuma, gemahlen
- 1/4 TL Ingwer, frisch gerieben
- 1 kleine Bio-Zitrone, der Saft davon
- 1 kleine Möhre, gewürfelt
- 1/4 kleine Zucchini, gewürfelt
- 1 kleine Tomate, gewürfelt
- Salz nach Geschmack
- Eine Prise frisch gemahlener weißer Pfeffer
- Einige frische Korianderblätter zum Garnieren

Zubereitung:

1. In einem mittelgroßen Topf das Olivenöl bei mittlerer Hitze erwärmen. Kurkuma und Ingwer hinzufügen und für etwa 1 Minute unter Rühren anschwitzen, bis es duftet.

2. Die Möhrenwürfel hinzufügen und für 2-3 Minuten dünsten, bis sie etwas weicher geworden sind. Danach Zucchini und Tomatenwürfel dazugeben und weitere 2 Minuten köcheln lassen.

3. Die roten Linsen zum Gemüse in den Topf geben. Kokosmilch und Wasser hinzufügen und zum Kochen bringen. Die Hitze reduzieren und die Suppe bei niedriger Hitze 15-20 Minuten köcheln lassen, bis die Linsen weich sind.

4. Die Suppe vom Herd nehmen und den frisch gepressten Zitronensaft einrühren. Mit Salz und Pfeffer abschmecken.

5. Die Suppe in eine Schüssel geben, mit Korianderblättern garnieren und servieren. Guten Appetit.

Zucchini-Kräutersuppe

Zubereitungszeit: 20 Minuten
Portionen: 1 Person

Zutaten:

- 1 mittelgroße Zucchini, gewürfelt
- 1 kleine Schalotte, fein gehackt
- 1 Knoblauchzehe, fein gehackt
- 200 ml Gemüsebrühe
- 1 EL natives Olivenöl extra
- Eine Handvoll frische Kräuter nach Wahl (z.B. Petersilie, Thymian, Basilikum), gehackt
- Salz und Pfeffer nach Geschmack
- 1 EL Mandelmilch, ungesüßt
- 1 TL Bio-Zitronensaft

Zubereitung:

1. Erhitze das Olivenöl in einem Topf bei mittlerer Hitze. Gib die Schalotte und den Knoblauch hinzu und dünste sie für etwa 2 Minuten, bis sie weich, aber nicht braun sind.

2. Füge die Zucchiniwürfel hinzu und brate sie für 5 Minuten an, bis sie leicht gebräunt sind. Währenddessen gelegentlich umrühren.

3. Gieße die Gemüsebrühe in den Topf und bringe alles zum Kochen. Reduziere dann die Hitze und lasse die Suppe für 10 Minuten leicht köcheln, bis die Zucchini weich ist.

4. Nimm den Topf vom Herd und rühre die frischen Kräuter unter. Lasse die Suppe etwas abkühlen.

5. Püriere die Suppe mit einem Stabmixer oder in einem Standmixer, bis sie eine glatte Konsistenz hat. Wenn du die Suppe wieder in den Topf gibst, rühre die Mandelmilch und den Zitronensaft unter. Erhitze die Suppe noch einmal kurz und schmecke sie mit Salz und Pfeffer ab. Guten Appetit.

Fenchel-Orangen-Suppe

Zubereitungszeit: 30 Minuten
Portionen: 1 Person

Zutaten:

- 200 g Fenchel, gewaschen und in dünne Scheiben geschnitten
- Schale von 1/2 Bio-Orange, in feine Streifen geschnitten
- 1 kleine Schalotte, fein gewürfelt
- 1 Knoblauchzehe, fein gehackt
- 500 ml Gemüsebrühe
- 1 EL natives Olivenöl extra
- 1 TL frischer Thymian, fein gehackt
- Salz und frisch gemahlener schwarzer Pfeffer nach Geschmack
- 1 EL frisch gepresster Bio-Orangensaft

Zubereitung:

1. In einem mittelgroßen Topf das Olivenöl auf mittlerer Hitze erwärmen. Schalotte und Knoblauch hinzufügen und für etwa 2 Minuten anbraten, bis sie weich, aber nicht braun sind.

2. Die Fenchelscheiben dazugeben und für weitere 5 Minuten mitbraten, bis sie leicht weich werden. Achte darauf, sie gelegentlich umzurühren.

3. Die Orangenschale und den Thymian einrühren. Mit der Gemüsebrühe ablöschen und zum Kochen bringen. Sobald es kocht, die Hitze reduzieren und die Suppe 20 Minuten langsam köcheln lassen.

4. Nach den 20 Minuten den Topf vom Herd nehmen und den frisch gepressten Orangensaft unterrühren. Mit einem Stabmixer die Suppe pürieren, bis sie eine glatte Konsistenz hat. Du kannst selbst entscheiden, ob du sie komplett fein oder etwas stückig bevorzugst.

5. Mit Salz und Pfeffer abschmecken. Guten Appetit.

Erbsensuppe mit Minze

Zubereitungszeit: 20 Minuten
Portionen: 1 Person

Zutaten:

- 200 g Erbsen, geschält
- 1 kleine Schalotte, fein gehackt
- 1 kleine Knoblauchzehe, fein gehackt
- 500 ml Wasser
- 1 EL natives Olivenöl extra
- 1 TL frische Minze, fein gehackt
- Salz nach Geschmack
- Frisch gemahlener schwarzer Pfeffer nach Geschmack
- 1 EL saure Sahne (10 % Fett), zum Garnieren
- Einige Minzblätter, zum Garnieren

Zubereitung:

1. In einem mittelgroßen Topf das Olivenöl auf mittlerer Stufe erhitzen. Schalotte und Knoblauch hinzufügen und für 2-3 Minuten dünsten, bis sie weich, aber nicht gebräunt sind.

2. Die geschälten Erbsen in den Topf geben und kurz mit den Schalotten und dem Knoblauch anschwitzen. Dann das Wasser hinzufügen und zum Kochen bringen.

3. Sobald das Wasser kocht, die Hitze reduzieren und die Suppe etwa 10-12 Minuten köcheln lassen, bis die Erbsen weich sind.

4. Die Suppe vom Herd nehmen und die frische Minze einrühren. Mit einem Stabmixer die Suppe pürieren, bis sie eine gleichmäßige Konsistenz hat. Alternativ kannst du die Suppe in einem Standmixer pürieren. Sei dabei vorsichtig, da die Suppe heiß ist.

5. Die Suppe mit Salz und schwarzen Pfeffer abschmecken.

6. Die Suppe in eine Schüssel füllen, mit einem EL saurer Sahne und einigen Minzblättern garnieren. Guten Appetit.

Tomaten-Kichererbsen-Suppe

Zubereitungszeit: 25 Minuten
Portionen: 1 Person

Zutaten:

- 200 g Tomaten, frisch und gewürfelt
- 50 g Kichererbsen aus der Dose, gut gespült und abgetropft
- 1 kleine Zwiebel, fein gewürfelt
- 1 Knoblauchzehe, fein gehackt
- 1/2 TL natives Olivenöl extra
- 1/2 TL Kreuzkümmel, gemahlen
- 1/4 TL Paprikapulver
- 500 ml Wasser
- Salz und Pfeffer nach Geschmack
- Frische Petersilie, gehackt, zum Garnieren
- Ein Spritzer Bio-Zitronensaft

Zubereitung:

1. Erhitze das Olivenöl in einem Topf bei mittlerer Hitze. Gib die Zwiebeln und den Knoblauch hinzu und dünste sie für etwa 3 Minuten, bis sie weich sind.

2. Füge die gewürfelten Tomaten, den Kreuzkümmel und das Paprikapulver hinzu. Rühre um und lasse alles für weitere 5 Minuten köcheln.

3. Gib die Kichererbsen und das Wasser hinzu. Erhöhe die Hitze, um die Suppe zum Kochen zu bringen, dann reduziere die Hitze und lasse sie für etwa 15 Minuten köcheln, bis die Kichererbsen weich sind.

4. Mit einem Stabmixer kannst du die Suppe teilweise pürieren, um eine leicht dickliche Konsistenz zu bekommen.

5. Schmecke die Suppe mit Salz, Pfeffer und einem Spritzer Zitronensaft ab.

6. Serviere die Suppe heiß und garniere sie mit Petersilie. Guten Appetit.

Spinatsuppe mit gerösteten Nüssen

Zubereitungszeit: 20 Minuten
Portionen: 1 Person

Zutaten:

- 150 g frischer Spinat, grob gehackt
- 1 kleine Zwiebel, gewürfelt
- 1 Knoblauchzehe, fein gehackt
- 10 g Mandeln, grob gehackt
- 10 g Walnüsse, grob gehackt
- 500 ml Wasser
- 1 EL natives Olivenöl extra
- 1 Prise Muskatnuss, gemahlen
- Salz und Pfeffer nach Geschmack
- 1 TL Bio-Zitronensaft
- 1 EL Mandelmilch, ungesüßt

Zubereitung:

1. Erhitze das Olivenöl in einem mittelgroßen Topf bei mittlerer Hitze. Gib die Zwiebelwürfel hinzu und dünste sie, bis sie glasig sind. Füge den Knoblauch hinzu und lasse ihn kurz mitdünsten, ohne dass er braun wird.

2. Füge den gehackten Spinat hinzu und lass ihn unter gelegentlichem Rühren zusammenfallen, bis er weich und dunkelgrün ist.

3. Gieße das Wasser über den Spinat und bringe alles zum Kochen. Reduziere die Hitze und lass die Suppe für etwa 10 Minuten köcheln.

4. Währenddessen erhitze eine kleine Pfanne ohne Öl und röste die gehackten Mandeln und Walnüsse bei mittlerer Hitze, bis sie duften und leicht gebräunt sind. Achte darauf, sie häufig zu wenden, damit sie nicht verbrennen. Nimm sie dann vom Herd.

5. Nachdem die Suppe 10 Minuten geköchelt hat, püriere sie mit einem Stabmixer oder in einem Standmixer, bis sie eine glatte Konsistenz hat. Gib die Suppe zurück in den Topf und erhitze sie bei Bedarf nochmals.

6. Rühre die Mandelmilch ein und schmecke die Suppe mit Salz, Pfeffer, Muskatnuss und Zitronensaft ab.

7. Serviere die Suppe in einer Schüssel und bestreue sie mit den gerösteten Nüssen. Guten Appetit.

Paprikasuppe mit Quinoa

Zubereitungszeit: 30 Minuten
Portionen: 1 Person

Zutaten:

- 1 rote Paprika, gewürfelt
- 50 g Quinoa, gut gespült und abgetropft
- 1 EL natives Olivenöl extra
- 1 kleine Zwiebel, gewürfelt
- 1 Knoblauchzehe, fein gehackt
- 500 ml Wasser
- 1 TL Gemüsebrühe
- 1 Prise getrockneter Oregano
- 1 Prise getrockneter Thymian
- Salz und Pfeffer nach Geschmack
- Ein paar frische Basilikumblätter zum Garnieren
- 1 EL saure Sahne (10 % Fett)

Zubereitung:

1. Quinoa in einem feinen Sieb unter fließendem Wasser gründlich spülen, um jegliche Bitterstoffe zu entfernen. Beiseite stellen.

2. In einem mittelgroßen Topf das Olivenöl bei mittlerer Hitze erhitzen. Zwiebel und Knoblauch hinzufügen und unter gelegentlichem Rühren 2-3 Minuten dünsten, bis die Zwiebel glasig ist.

3. Die Paprikawürfel hinzugeben und weitere 2 Minuten dünsten, bis sie weich werden.

4. Den Quinoa hinzufügen und kurz mit den Zwiebeln, Knoblauch und Paprika anschwitzen.

5. Wasser in den Topf geben, dann die Gemüsebrühe, Oregano und Thymian einrühren. Zum Kochen bringen, dann die Hitze reduzieren und etwa 15 Minuten köcheln lassen, bis der Quinoa gar ist.

6. Mit Salz und Pfeffer abschmecken.

7. Die Suppe in eine Schüssel geben, mit einem Löffel saurer Sahne und Basilikumblättern garnieren. Guten Appetit.

Auberginensuppe

Zubereitungszeit: 25 Minuten
Portionen: 1 Person

Zutaten:

- 150 g Aubergine, gewürfelt
- 1 EL natives Olivenöl extra
- 1/4 Zwiebel, fein gehackt
- 1 Knoblauchzehe, fein gehackt
- 200 ml Wasser
- 1/2 TL getrockneter Basilikum oder einige frische Basilikumblätter
- Salz und weißer Pfeffer nach Geschmack
- 1 EL Mandelmilch, ungesüßt
- Ein paar frische Basilikumblätter zum Garnieren

Zubereitung:

1. Erhitze das Olivenöl in einem Topf bei mittlerer Hitze. Gib die gewürfelte Aubergine, die fein gehackte Zwiebel und den Knoblauch dazu. Brate alles für etwa 5 Minuten an, bis die Aubergine weich wird.

2. Füge das Wasser hinzu und bringe die Suppe zum Kochen. Reduziere dann die Hitze und lasse die Suppe für 15 Minuten köcheln.

3. Nimm den Topf vom Herd und lasse die Suppe kurz abkühlen. Gib dann den getrockneten Basilikum oder die Basilikumblätter hinzu und püriere die Suppe mit einem Stabmixer, bis sie eine glatte Konsistenz hat.

4. Rühre die Mandelmilch unter und erwärme die Suppe noch einmal. Schmecke sie mit Salz und Pfeffer ab.

5. Serviere die Suppe heiß und garniere sie mit ein paar frischen Basilikumblättern. Guten Appetit.

Kohlrabisuppe

Zubereitungszeit: 25 Minuten
Portionen: 1 Person

Zutaten:

- 150 g Kohlrabi, geschält und gewürfelt
- 1/2 kleine Zwiebel, fein gehackt
- 1 EL natives Olivenöl extra
- 250 ml Wasser
- 1/2 TL getrockneter Dill oder nach Geschmack frischer Dill, fein gehackt
- Salz und frisch gemahlener schwarzer Pfeffer nach Geschmack
- 50 ml Mandelmilch, ungesüßt
- 1 TL Bio-Zitronensaft
- Einige Dillzweige zum Garnieren

Zubereitung:

1. Erhitze das Olivenöl in einem Topf bei mittlerer Hitze. Füge die Zwiebeln hinzu und dünste sie, bis sie weich werden, etwa 2-3 Minuten.
2. Gib die Kohlrabiwürfel hinzu und lass sie etwa 5 Minuten mit den Zwiebeln dünsten, bis sie leicht weich werden.
3. Füge das Wasser hinzu und bringe die Suppe zum Kochen. Reduziere die Hitze und lass die Suppe 15 Minuten köcheln, oder bis der Kohlrabi vollständig weich ist.
4. Nimm den Topf vom Herd und püriere die Suppe mit einem Stabmixer, bis sie eine glatte Konsistenz hat.
5. Stelle den Topf zurück auf den Herd und füge die Mandelmilch und den Dill hinzu. Erwärme die Suppe, ohne sie zum Kochen zu bringen. Schmecke mit Salz, Pfeffer und Zitronensaft ab.
6. Serviere die Suppe heiß und garniere sie mit einigen Dillzweigen. Guten Appetit.

Hauptgerichte

Putenbrustfilet mit Brokkoli

Zubereitungszeit: 25 Minuten
Portionen: 1 Person

Zutaten:

- 150 g Putenbrustfilet, in Streifen geschnitten
- 200 g Brokkoli, in Röschen zerteilt
- 30 g Mandeln, grob gehackt
- 1 TL natives Olivenöl extra
- 1 Knoblauchzehe, fein gehackt
- 1/2 Bio-Zitrone, Saft und Abrieb
- Salz und weißer Pfeffer nach Geschmack
- 50 ml Mandelmilch, ungesüßt
- 1 TL frische Petersilie, fein gehackt

Zubereitung:

1. Erhitze das Olivenöl in einer Pfanne auf mittlerer Stufe. Gib die Putenbruststreifen hinzu und brate sie, bis sie auf allen Seiten gebräunt sind. Nimm sie aus der Pfanne und stelle sie beiseite.

2. Im selben Öl den Knoblauch kurz anbraten, dann die Brokkoliröschen hinzugeben. Etwa 5 Minuten unter gelegentlichem Rühren dünsten, bis der Brokkoli bissfest ist.

3. Die Mandeln in die Pfanne geben und mit dem Brokkoli und Knoblauch für weitere 2 Minuten rösten, bis sie leicht goldbraun sind.

4. Die Putenbruststreifen zurück in die Pfanne geben. Mit Zitronensaft und -abrieb, Salz und Pfeffer abschmecken und alles gut vermischen.

5. Gieße die Mandelmilch hinzu und lasse das Ganze bei niedriger Hitze 2-3 Minuten köcheln, bis die Sauce leicht eindickt.

6. Zum Schluss die Petersilie unterrühren und servieren. Guten Appetit.

Lachsfilet mit Zitrone und Orange

Zubereitungszeit: 30 Minuten
Portionen: 1 Person

Zutaten:

- 150 g Lachsfilet, frisch und Haut entfernt
- 1 TL natives Olivenöl extra
- 1/2 TL getrockneter Dill
- 100 g Quinoa, gut gespült und abgetropft
- 200 ml Wasser
- 1 Bio-Zitrone, Saft und Abrieb
- 1 kleine Bio-Orange, Saft und Abrieb
- 1/4 TL Meersalz
- 1/2 gelbe Paprika, fein gewürfelt
- 1 Frühlingszwiebel, in feine Ringe geschnitten
- 2 EL frische Petersilie, gehackt
- 1 EL Mandeln, gehackt und leicht geröstet
- Eine Handvoll frischer Spinat

Zubereitung:

1. Starte mit dem Quinoa. Gib den Quinoa in einen kleinen Topf, füge 200 ml Wasser hinzu, den Abrieb der Zitrone und Orange, und koche ihn auf mittlerer Hitze für etwa 15 Minuten, bis er das Wasser aufgesaugt hat und weich ist. Nimm den Topf vom Herd und lasse den Quinoa kurz ruhen.

2. Während der Quinoa kocht, heize eine Pfanne mit 1 TL Olivenöl auf mittlerer Stufe vor. Reibe das Lachsfilet mit Meersalz und Dill ein. Brate den Lachs 4 Minuten auf jeder Seite, bis er durch ist, aber immer noch saftig bleibt. Nimm ihn aus der Pfanne und halte ihn warm.

3. Zu dem fertigen Quinoa fügst du den Saft der Zitrone und Orange hinzu. Mische ihn mit der Paprika, Frühlingszwiebeln, Petersilie und den gerösteten Mandeln. Schmecke mit einer Prise Salz ab.

4. Auf einem Teller legst du eine Handvoll frischen Spinat als Bett. Darüber verteilst du die Quinoa-Mischung. Lege das gebratene Lachsfilet obenauf.

5. Zum Schluss beträufle das Gericht mit einem letzten Spritzer Zitronensaft. Guten Appetit.

Gebratene Hähnchenbrust mit Gemüse-Quinoa

Zubereitungszeit: 30 Minuten
Portionen: 1 Person

Zutaten:

- 150 g Hähnchenbrust, flach geklopft
- 50 g Quinoa, gut gespült und abgetropft
- 100 ml Wasser
- 1 EL natives Olivenöl extra
- 1/2 Bio-Zitrone, nur der Saft
- 1/4 TL Salz
- 1/4 TL schwarzer Pfeffer, frisch gemahlen
- 1 Handvoll Spinat, grob gehackt
- 1/2 rote Paprika, in Würfel geschnitten
- 1/4 Gurke, in Würfel geschnitten
- 1 EL Walnussöl
- Einige frische Petersilie, fein gehackt

Zubereitung:

1. Quinoa in einem kleinen Topf mit 100 ml Wasser zum Kochen bringen. Die Hitze reduzieren und den Quinoa 15 Minuten köcheln lassen, bis er weich ist und das Wasser vollständig aufgenommen hat. Dann vom Herd nehmen und beiseite stellen.

2. Während der Quinoa kocht, das Olivenöl in einer Pfanne auf mittlerer Stufe erhitzen. Die Hähnchenbrust mit Salz und Pfeffer würzen und in die Pfanne geben. Von jeder Seite 4-5 Minuten braten, bis sie durchgegart ist und eine goldbraune Kruste hat. Aus der Pfanne nehmen und beiseite stellen.

3. In der gleichen Pfanne den Spinat, die rote Paprika und die Gurke hinzufügen. Alles für etwa 2-3 Minuten sautieren, bis das Gemüse weich, aber noch bissfest ist.

4. Den gekochten Quinoa zu dem Gemüse in die Pfanne geben und gut umrühren. Mit Zitronensaft, Salz und schwarzem Pfeffer abschmecken.

5. Das Gemüse-Quinoa auf einen Teller geben, die gebratene Hähnchenbrust darauf legen und mit Walnussöl beträufeln. Mit frischer Petersilie garnieren. Guten Appetit.

Zucchini-Lasagne mit Spinatfüllung

Zubereitungszeit: 45 Minuten
Portionen: 1 Person

Zutaten:

- 1 mittelgroße Zucchini, in dünne Scheiben geschnitten
- 100 g frischer Spinat, gewaschen und grob gehackt
- 1 kleine Tomate, gewürfelt
- 50 g Hähnchenbrust, gekocht und gewürfelt
- 1 EL natives Olivenöl extra
- 1 Bio-Ei Größe M
- 30 g Feta, zerkrümelt
- 1 TL Oregano, getrocknet
- Salz und Pfeffer nach Geschmack
- 2 EL Mandelmilch, ungesüßt
- 1 EL geriebener Käse (bis 45 % Fett i. Tr.), zum Überbacken

Zubereitung:

1. Heize den Ofen auf 180 Grad vor. In einer Pfanne das Olivenöl bei mittlerer Hitze erwärmen. Füge die Spinatblätter hinzu und dünste sie, bis sie leicht zusammenfallen. Füge die gewürfelte Tomate hinzu und dünste weiter, bis die Tomaten weich sind. Würze mit Salz, Pfeffer und Oregano.

2. In einer kleinen Schüssel das Ei mit der Mandelmilch verquirlen. Füge die gekochte Hähnchenbrust und den zerkrümelten Feta hinzu und vermische alles gut.

3. Beginne damit, eine Auflaufform leicht zu ölen. Lege eine Schicht Zucchinischeiben als Basis aus. Darauf verteilst du eine Schicht der Spinat-Tomaten-Mischung und gibst darüber einige Löffel der Ei-Hähnchen-Feta-Mischung.

4. Wiederhole die Schichtung, bis alle Zutaten aufgebraucht sind, wobei du mit einer Schicht Zucchinischeiben abschließt. Streue den geriebenen Käse über die oberste Schicht.

5. Backe die Lasagne im vorgeheizten Ofen für etwa 20 Minuten oder bis der Käse goldbraun und die Zucchini weich ist.

6. Lass die Lasagne vor dem Servieren ein paar Minuten abkühlen. Guten Appetit.

Auberginen-Röllchen mit Ricotta und Spinat

Zubereitungszeit: 30 Minuten
Portionen: 1 Person

Zutaten:

- 1 mittelgroße Aubergine, in 8 dünne Scheiben geschnitten
- 100 g frischer Spinat, grob gehackt
- 100 g Ricotta
- 1 Bio-Ei Größe M, leicht verquirlt
- 1 kleine Zwiebel, fein gewürfelt
- 2 Knoblauchzehen, fein gehackt
- 2 EL natives Olivenöl extra
- 1 TL getrockneter Oregano
- Salz und Pfeffer nach Geschmack
- 50 g Feta, zerkrümelt
- 2 EL Mandelmilch, ungesüßt
- Frische Kräuter (z.B. Petersilie), zum Garnieren

Zubereitung:

1. Heize den Backofen auf 180 Grad vor. Lege die Auberginenscheiben auf ein mit Backpapier ausgelegtes Backblech, bestreiche sie beidseitig mit 1 EL Olivenöl und würze sie leicht mit Salz und Pfeffer. Backe sie für 10 Minuten, bis sie weich sind.

2. Währenddessen erhitzt du in einer Pfanne den restlichen EL Olivenöl bei mittlerer Hitze. Füge die Zwiebel und den Knoblauch hinzu und dünste sie, bis sie weich sind. Füge den Spinat hinzu und koche ihn, bis er zusammenfällt. Vom Herd nehmen und leicht abkühlen lassen.

3. In einer Schüssel mische den Ricotta, das verquirlte Ei, den Oregano, Salz und Pfeffer. Füge die Spinatmischung hinzu und verrühre alles gut.

4. Nimm die Auberginenscheiben aus dem Ofen und lass sie kurz abkühlen. Auf jede Scheibe verteilst du die Ricotta-Spinat-Mischung, rolle sie vorsichtig auf und lege sie mit der Nahtseite nach unten in eine geölte Auflaufform.

5. Vermische die Mandelmilch mit dem Feta und verteile diese Mischung über die Röllchen. Backe sie für weitere 15 Minuten im Ofen, bis die Oberfläche leicht goldbraun ist. Serviere die Röllchen heiß, garniert mit Kräutern. Guten Appetit.

Vollkornspaghetti mit Tomaten-Auberginen-Sauce

Zubereitungszeit: 30 Minuten
Portionen: 1 Person

Zutaten:

- 70 g Vollkornspaghetti
- 1 mittelgroße Aubergine, in kleine Würfel geschnitten
- 2 Tomaten, gewürfelt
- 1/2 Bio-Zitrone, nur der Saft
- 1 EL natives Olivenöl extra
- 1 kleine rote Zwiebel, fein gehackt
- 1 Knoblauchzehe, fein gehackt
- Eine Handvoll frischer Basilikum, grob gehackt
- Salz und weißer Pfeffer nach Geschmack
- 2 EL Wasser
- 1 TL Balsamico-Essig

Zubereitung:

1. Die Vollkornspaghetti nach Packungsanleitung in einem Topf mit leicht gesalzenem Wasser kochen. Sobald sie al dente sind, abgießen und beiseitestellen.

2. Während die Spaghetti kochen, erhitzt du in einer Pfanne das Olivenöl bei mittlerer Hitze. Füge die rote Zwiebel und den Knoblauch hinzu und dünste sie, bis sie weich sind.

3. Füge die Auberginenwürfel hinzu und brate sie, bis sie beginnen, weich zu werden. Gelegentlich umrühren.

4. Jetzt die Tomatenwürfel, Balsamico-Essig und 2 EL Wasser in die Pfanne geben. Reduziere die Hitze und lasse die Sauce für etwa 10 Minuten köcheln, bis die Auberginen vollständig weich und die Tomaten zu einer Sauce eingekocht sind.

5. Schmecke die Sauce mit Salz, Pfeffer und frisch gepresstem Zitronensaft ab. Rühre den Basilikum unter.

6. Vermische die fertigen Vollkornspaghetti mit der Sauce. Guten Appetit.

Kichererbsen-Curry mit Blumenkohlreis

Zubereitungszeit: 30 Minuten
Portionen: 1 Person

Zutaten:

- 200 g Blumenkohl, in Röschen geschnitten
- 100 g Kichererbsen aus der Dose, gut gespült und abgetropft
- 1/2 Bio-Zitrone, Saft davon
- 1 EL natives Olivenöl extra
- 1/2 Zwiebel, fein gewürfelt
- 1 Knoblauchzehe, fein gehackt
- 1/2 TL Kurkuma
- 1/2 TL gemahlener Kreuzkümmel
- 1/2 TL Paprikapulver
- 1 kleine Tomate, gewürfelt
- 50 ml Kokosmilch, ungesüßt
- Salz und Pfeffer nach Geschmack
- Frische Petersilie, gehackt, zum Garnieren

Zubereitung:

1. Beginne mit dem Blumenkohlreis. Nimm die Blumenkohlröschen und gib sie in einen Food Processor. Pulsieren, bis die Konsistenz von grobem Reis erreicht ist. Beiseite stellen. Du kannst auch einen Standmixer verwenden.

2. Erhitze in einer Pfanne das Olivenöl bei mittlerer Hitze. Füge die Zwiebel und den Knoblauch hinzu und brate sie, bis sie weich und goldbraun sind, etwa 3-4 Minuten.

3. Füge Kurkuma, Kreuzkümmel und Paprikapulver hinzu. Rühre gut um.

4. Jetzt kommen die Kichererbsen und die Tomatenwürfel dazu. Rühre alles gut um und lasse es bei niedriger Hitze 5 Minuten köcheln.

5. Gieße die Kokosmilch dazu und lasse das Curry unter gelegentlichem Rühren 10 Minuten sanft köcheln, bis es leicht eingedickt ist. Mit Salz, Pfeffer und Zitronensaft abschmecken.

6. Während das Curry köchelt, erhitze eine weitere Pfanne bei mittlerer Hitze. Gib den Blumenkohlreis hinein, brate ihn 5-7 Minuten unter Rühren, bis er heiß ist. Mit Salz und Pfeffer abschmecken.

7. Serviere das Curry heiß über dem Blumenkohlreis. Danach noch mit Petersilie garnieren. Guten Appetit.

Gebackener Seelachs mit Kräuterkruste

Zubereitungszeit: 30 Minuten
Portionen: 1 Person

Zutaten:

- 150 g Seelachsfilet, frisch oder aufgetaut
- 1 EL natives Olivenöl extra
- 1 TL frischer Bio-Zitronensaft
- Salz nach Bedarf
- Frisch gemahlener schwarzer Pfeffer nach Bedarf
- 2 EL fein gehackte frische Kräuter (z.B. Petersilie, Dill, Thymian)
- 1 Knoblauchzehe, fein gehackt
- 2 EL gemahlene Mandeln
- 1 EL geriebener Parmesan
- 1 Bio-Ei Größe M, leicht verquirlt

Zubereitung:

1. Heize den Ofen auf 200 Grad vor. Lege ein Backblech mit Backpapier aus.

2. Wasche das Seelachsfilet unter kaltem Wasser ab und tupfe es mit Küchenpapier trocken. Lege das Fischfilet auf das vorbereitete Backblech.

3. Mische in einer kleinen Schüssel das Olivenöl und den frischen Zitronensaft. Bestreiche den Seelachs gleichmäßig mit dieser Mischung. Würze ihn mit Salz und frisch gemahlenem schwarzen Pfeffer.

4. In einer weiteren Schüssel vermische die fein gehackten Kräuter, den fein gehackten Knoblauch, die gemahlenen Mandeln und den geriebenen Parmesan. Füge das leicht verquirlte Ei hinzu und vermische alles gut, bis eine gleichmäßige Masse entsteht.

5. Verteile die Kräutermasse gleichmäßig auf dem Seelachsfilet, sodass die Oberseite vollständig bedeckt ist.

6. Backe den Fisch im vorgeheizten Ofen für etwa 15-20 Minuten oder bis die Kruste goldbraun und knusprig ist und der Fisch durchgegart ist.

7. Nimm den Fisch aus dem Ofen und lass ihn für 2-3 Minuten abkühlen, bevor du ihn servierst. Guten Appetit.

Pilzrisotto mit Gerstengraupen

Zubereitungszeit: 40 Minuten
Portionen: 1 Person

Zutaten:

- 75 g Gerstengraupen, gut ge-spült und abgetropft
- 200 g frische Pilze nach Wahl (z.B. Champignons, Pfifferlinge), geputzt und grob gehackt
- 1/2 mittelgroße Zwiebel, fein gewürfelt
- 1 Knoblauchzehe, fein gehackt
- 1 EL natives Olivenöl extra
- 500 ml Gemüsebrühe
- 1 EL frischer Thymian, gehackt
- Frisch gemahlener schwarzer Pfeffer nach Geschmack
- 2 EL frische Petersilie, fein gehackt, zum Garnieren
- 1 EL geriebener Parmesan

Zubereitung:

1. Erhitze das Olivenöl in einem mittelgroßen Topf bei mittlerer Hitze. Füge die Zwiebel und den Knoblauch hinzu und brate sie für 2 Minuten an, bis sie weich, aber nicht gebräunt sind.

2. Gib die Gerstengraupen dazu und röste sie unter Rühren für etwa 3 Minuten an, damit sie leicht nussig duften und vom Öl überzogen sind.

3. Füge die Pilze hinzu und brate alles zusammen für weitere 5 Minuten. Die Pilze sollten anfangen, ihr Wasser zu verlieren und weich zu werden.

4. Reduziere die Hitze auf niedrig und füge etwa 1/4 der Gemüsebrühe hinzu. Rühre das Risotto regelmäßig um, bis die gesamte Flüssigkeit aufgenommen wurde, bevor du nach und nach mehr Brühe hinzufügst. Wiederhole diesen Schritt, bis die Gerstengraupen weich sind, aber noch Biss haben. Dies sollte insgesamt etwa 25-30 Minuten dauern.

5. Wenn die Gerstengraupen die gewünschte Konsistenz erreicht haben, rühre den Thymian ein und schmecke mit frisch gemahlenem schwarzen Pfeffer ab.

6. Serviere das Risotto heiß. Garniere es mit Petersilie und mit etwas geriebenem Parmesan. Guten Appetit.

Tofu-Gemüse-Pfanne mit Sojasauce

Zubereitungszeit: 20 Minuten
Portionen: 1 Person

Zutaten:

- 200 g Tofu, in Würfel geschnitten
- 1 EL natives Olivenöl extra
- 1/2 rote Paprika, in Streifen geschnitten
- 1/2 Zucchini, in Halbmonde geschnitten
- 3 EL Sojasauce
- 1/2 TL frischer Ingwer, fein gehackt
- 1 Knoblauchzehe, fein gehackt
- 50 g Spinat, frisch
- 1 TL Sesamsamen
- Frische Korianderblätter, zum Garnieren
- 1/4 TL Chiliflocken (optional, je nach Geschmack)

Zubereitung:

1. Erhitze das Olivenöl in einer Pfanne auf mittlerer Stufe. Gib den Tofu hinzu und brate ihn, bis er auf allen Seiten goldbraun ist. Dies dauert etwa 5 Minuten. Nimm den Tofu aus der Pfanne und stelle ihn beiseite.

2. In der gleichen Pfanne füge die Paprikastreifen und Zucchini hinzu. Brate das Gemüse für etwa 3 Minuten, bis es leicht weich wird, aber noch Biss hat.

3. Füge den gehackten Knoblauch und Ingwer zum Gemüse hinzu und brate alles für eine weitere Minute.

4. Gib den Tofu zurück in die Pfanne. Reduziere die Hitze auf niedrig und füge die Sojasauce sowie die Chiliflocken hinzu. Mische alles gut, damit der Tofu und das Gemüse gleichmäßig mit der Sauce bedeckt sind. Lass alles für 2 Minuten köcheln.

5. Füge den frischen Spinat hinzu und koche alles, bis der Spinat gerade welk geworden ist, was etwa 1 Minute dauern sollte.

6. Bestreue das Gericht mit Sesamsamen und Korianderblättern. Guten Appetit.

Rinderfiletstreifen mit Zucchini-Nudeln

Zubereitungszeit: 20 Minuten
Portionen: 1 Person

Zutaten:

- 150 g Rinderfilet, in Streifen geschnitten
- 1 mittelgroße Zucchini, mit dem Spiralschneider zu Nudeln verarbeitet
- 1 EL natives Olivenöl extra
- 1/2 Bio-Zitrone, nur der Saft
- 1 Knoblauchzehe, fein gehackt
- Salz und frisch gemahlener schwarzer Pfeffer
- Eine Handvoll frischer Spinat, grob gehackt
- 10 g Mandeln, grob gehackt
- 1 EL frische Petersilie, fein gehackt

Zubereitung:

1. Erhitze das Olivenöl in einer Pfanne über mittlerer Hitze. Füge die Rinderfiletstreifen hinzu und brate sie für etwa 3-4 Minuten an, bis sie braun und fast durchgegart sind. Würze sie mit Salz und Pfeffer. Nimm die Streifen aus der Pfanne und halte sie warm.

2. In der gleichen Pfanne den Knoblauch kurz anschwitzen, ohne ihn braun werden zu lassen. Füge dann die Zucchini-Nudeln hinzu und brate sie für etwa 2-3 Minuten, bis sie leicht weich sind, aber noch Biss haben.

3. Gib den frischen Spinat hinzu und brate alles zusammen, bis der Spinat zusammenfällt. Dies dauert etwa 1 Minute. Schmecke das Gemüse mit Zitronensaft, Salz und Pfeffer ab.

4. Gib die Rinderfiletstreifen zurück in die Pfanne und vermische alles gut. Lasse es noch 1 Minute zusammen kochen.

5. Alles auf einem Teller anrichten. Bestreue das Gericht zum Schluss noch mit den gehackten Mandeln und der Petersilie. Guten Appetit.

Vegane Bolognese mit Linsen

Zubereitungszeit: 30 Minuten
Portionen: 1 Person

Zutaten:

- 50 g rote Linsen, gut gespült und abgetropft
- 200 ml Wasser
- 1 TL natives Olivenöl extra
- 1/4 Zwiebel, fein gewürfelt
- 1 Knoblauchzehe, fein gehackt
- 1/2 Möhre, fein gewürfelt
- 50 g Zucchini, gewürfelt
- 2 EL Tomatenmark
- 100 ml passierte Tomaten
- 1/4 TL getrockneter Oregano
- 1/4 TL getrockneter Basilikum
- Salz und Pfeffer nach Geschmack
- 1 TL gehackte frische Petersilie
- 80 g Vollkornnudeln

Zubereitung:

1. In einem Topf die Vollkornnudeln nach Packungsanleitung in Salzwasser kochen. Sobald sie al dente sind, abgießen und beiseite stellen.

2. Während die Nudeln kochen, die roten Linsen in einem weiteren Topf mit 200 ml Wasser bei mittlerer Hitze zum Kochen bringen. Lass sie für etwa 10 Minuten köcheln, bis sie weich sind, aber noch Biss haben. Dann abgießen und beiseite stellen.

3. Erhitze 1 TL Olivenöl in einer Pfanne auf mittlerer Hitze. Füge die Zwiebelwürfel und Knoblauch hinzu und brate sie, bis sie weich werden, etwa 2-3 Minuten.

4. Füge die Möhrenwürfel hinzu und brate sie weitere 2 Minuten. Anschließend die Zucchiniwürfel hinzufügen und alles für ca. 3 Minuten braten, bis das Gemüse weich, aber nicht zu weich ist.

5. Rühre das Tomatenmark ein und koche es kurz mit. Dann die passierten Tomaten, gekochte Linsen, Oregano und Basilikum dazugeben. Mit Salz und Pfeffer abschmecken. Lass die Sauce bei niedriger Hitze für etwa 10 Minuten köcheln.

6. Serviere die Bolognese-Sauce über die gekochten Vollkornnudeln. Danach mit Petersilie garnieren. Guten Appetit.

Gefüllte Paprika mit Hirse

Zubereitungszeit: 40 Minuten
Portionen: 1 Person

Zutaten:

- 1 große rote Paprikaschote, halbiert und entkernt
- 50 g Hirse, gut gespült und abgetropft
- 100 ml Wasser
- 1 kleine Zucchini, gewürfelt
- 1 kleine Möhre, gewürfelt
- 1/4 rote Zwiebel, fein gewürfelt
- 1 EL natives Olivenöl extra
- 1 TL getrockneter Oregano
- Salz und frisch gemahlener schwarzer Pfeffer, nach Geschmack
- 2 EL gehackte frische Petersilie
- 30 g Feta, zerkrümelt
- 1 EL Kürbiskerne

Zubereitung:

1. Heize deinen Ofen auf 200 Grad vor. Lege die Paprikahälften mit der Schnittfläche nach unten auf ein mit Backpapier ausgelegtes Backblech und röste sie für 15-20 Minuten, bis sie leicht weich sind.

2. In der Zwischenzeit die Hirse in einem Topf mit 100 ml Wasser zum Kochen bringen. Reduziere die Hitze und lasse sie etwa 15 Minuten köcheln, bis das Wasser aufgenommen ist. Vom Herd nehmen und abgedeckt 5 Minuten quellen lassen.

3. Erhitze das Olivenöl in einer Pfanne über mittlerer Hitze. Füge Zwiebel, Zucchini und Möhre hinzu und brate sie für etwa 5-7 Minuten, bis sie weich sind. Würze mit Oregano, Salz und Pfeffer.

4. Vermische das angebratene Gemüse mit der Hirse und der Hälfte der Petersilie. Schmecke die Füllung ab und füge bei Bedarf mehr Salz oder Pfeffer hinzu.

5. Nimm die Paprikahälften aus dem Ofen, drehe sie um und fülle sie mit der Hirse-Gemüse-Mischung. Streue den zerkrümelten Feta darüber.

6. Backe die gefüllten Paprikaschoten weitere 10 Minuten, bis der Käse leicht geschmolzen ist.

7. Vor dem Servieren mit Kürbiskernen und der restlichen Petersilie bestreuen. Guten Appetit.

Thunfischsteak mit mediterranem Gemüse

Zubereitungszeit: 25 Minuten
Portionen: 1 Person

Zutaten:

- 150 g Thunfischsteak, frisch oder aufgetaut
- 1 EL natives Olivenöl extra
- 1/2 kleine Zucchini, in dünne Scheiben geschnitten
- 1/2 rote Paprika, in Streifen geschnitten
- 1/2 kleine Aubergine, in dünne Scheiben geschnitten
- 2 EL Kirschtomaten, halbiert
- 1 kleine Knoblauchzehe, fein gehackt
- Salz und Pfeffer nach Geschmack
- 1/4 TL getrockneter Oregano
- 1/4 TL getrockneter Thymian
- 1/2 Bio-Zitrone, Saft davon
- Einige frische Basilikumblätter zum Garnieren

Zubereitung:

1. Erhitze in einer Grillpfanne 1/2 EL Olivenöl bei mittlerer Hitze. Würze das Thunfischsteak beidseitig mit Salz und Pfeffer. Lege das Steak in die Pfanne und brate es je nach Dicke 2-3 Minuten pro Seite. Nimm das Steak aus der Pfanne und halte es warm.

2. In der gleichen Pfanne erhitzt du das restliche Olivenöl. Gib Zucchini, Paprika und Aubergine dazu und brate sie etwa 5 Minuten, bis sie leicht gebräunt und noch bissfest sind. Füge die Kirschtomaten und den Knoblauch hinzu, brate alles weitere 2 Minuten.

3. Würze das Gemüse mit Salz, Pfeffer, Oregano und Thymian. Lasse es kurz durchschmoren. Schalte die Hitze aus und beträufle das Gemüse mit Zitronensaft.

4. Serviere das Thunfischsteak auf einem Teller und gib das Gemüse daneben. Garniere es zum Schluss mit einigen Basilikumblättern. Guten Appetit.

Hähnchen-Curry

Zubereitungszeit: 25 Minuten
Portionen: 1 Person

Zutaten:

- 150 g Hähnchenbrustfilet, in Streifen geschnitten
- 200 ml Kokosmilch, ungesüßt
- 1/2 rote Paprika, in Streifen geschnitten
- 1/2 gelbe Paprika, in Streifen geschnitten
- 50 g Zucchini, in Halbmonde geschnitten
- 50 g Aubergine, gewürfelt
- 1 EL natives Olivenöl extra
- 1 TL Currypulver
- 1/2 TL Kurkumapulver
- 1/4 TL Ingwer, frisch gerieben
- Salz und weißer Pfeffer nach Geschmack
- Frische Korianderblätter zum Garnieren
- 1 EL Mandelsplitter

Zubereitung:

1. Erhitze das Olivenöl in einer Pfanne auf mittlerer Hitze. Füge die Hähnchenbruststreifen hinzu und brate sie, bis sie rundherum leicht gebräunt sind. Nimm das Hähnchen aus der Pfanne und stelle es beiseite.

2. In der gleichen Pfanne füge die Paprikastreifen, Zucchini und Aubergine hinzu. Brate das Gemüse für 5 Minuten, bis es weich wird, aber noch Biss hat.

3. Streue das Currypulver, Kurkumapulver und den frisch geriebenen Ingwer über das Gemüse. Rühre um, damit sich die Gewürze gleichmäßig verteilen.

4. Gib die Kokosmilch dazu und rühre um. Lass die Mischung aufkochen, dann reduziere die Hitze und lass es für 10 Minuten leicht köcheln, bis die Sauce etwas eindickt.

5. Füge das angebratene Hähnchen wieder zur Pfanne hinzu. Lass alles zusammen für weitere 5 Minuten köcheln, damit das Hähnchen durchziehen kann. Schmecke mit Salz und Pfeffer ab.

6. Serviere das Curry heiß, garniert mit Korianderblättern und Mandelsplittern. Guten Appetit.

Linsenpfanne

Zubereitungszeit: 30 Minuten
Portionen: 1 Person

Zutaten:

- 150 g Tofu, fest, in Würfel geschnitten
- 75 g Linsen, vorzugsweise Belugalinsen, gut gespült und abgetropft
- 150 g frischer Spinat, grob gehackt
- 1/2 Bio-Zitrone, Saft und Abrieb
- 1 kleine Zwiebel, fein gewürfelt
- 1 Knoblauchzehe, fein gehackt
- 2 EL natives Olivenöl extra
- 1 TL Currypulver
- Salz und weißer Pfeffer nach Geschmack
- 100 ml Wasser
- 1 EL gehackte Walnüsse
- Frische Kräuter (z.B. Petersilie oder Koriander), zum Garnieren

Zubereitung:

1. Den Backofen auf 200 Grad vorheizen. Tofuwürfel auf ein mit Backpapier ausgelegtes Backblech legen und mit 1 EL Olivenöl beträufeln. Mit Salz und Pfeffer würzen und für 20 Minuten backen, bis sie goldbraun und knusprig sind. Währenddessen mit der Linsenpfanne fortfahren.

2. In einer Pfanne 1 EL Olivenöl auf mittlerer Hitze erhitzen. Zwiebel und Knoblauch hinzufügen und für 3 Minuten anschwitzen, bis sie weich, aber nicht gebräunt sind.

3. Currypulver hinzugeben und unter Rühren 1 Minute mitbraten.

4. Die Linsen in die Pfanne geben, mit Wasser ablöschen und zum Kochen bringen. Hitze reduzieren und etwa 10 Minuten köcheln lassen, bis die Linsen weich sind, aber noch Biss haben.

5. Den Spinat hinzufügen und unter gelegentlichem Rühren zusammenfallen lassen. Mit Salz, Pfeffer, Zitronensaft und -abrieb abschmecken.

6. Die gebackenen Tofuwürfel unter die Linsen-Spinat-Mischung heben und alles gut erwärmen.

7. Die Linsenpfanne auf einen Teller geben, mit gehackten Walnüssen und Kräutern garnieren. Guten Appetit.

Penne mit Walnuss-Pesto

Zubereitungszeit: 20 Minuten
Portionen: 1 Person

Zutaten:

- 75 g Vollkorn-Penne
- 30 g Walnüsse, grob gehackt
- 1 Handvoll Rucola, grob gehackt
- 1 kleine Bio-Zitrone, Schale abgerieben und Saft ausgepresst
- 2 EL natives Olivenöl extra
- 1 EL Kokosmilch, ungesüßt
- 1 kleine Knoblauchzehe, fein gehackt
- 20 g Parmesan, frisch gerieben
- Salz und frisch gemahlener schwarzer Pfeffer
- Eine Prise Chiliflocken

Zubereitung:

1. Setze Wasser für die Pasta auf und koche die Vollkorn-Penne nach Packungsanweisung al dente. Achte darauf, das Wasser leicht zu salzen.

2. Während die Pasta kocht, gib die Walnüsse, den Rucola, die abgeriebene Zitronenschale, den Knoblauch, Olivenöl und Kokosmilch in einen Mixer. Mixe alles zu einem groben Pesto. Wenn das Pesto zu dick ist, kannst du etwas mehr Olivenöl oder Kokosmilch hinzufügen, um die gewünschte Konsistenz zu erreichen.

3. Gib das fertige Pesto in eine große Schüssel. Füge den Zitronensaft und den geriebenen Parmesan hinzu. Schmecke das Pesto mit Salz, Pfeffer und Chiliflocken ab.

4. Wenn die Pasta fertig ist, gieße sie ab und behalte ein wenig vom Kochwasser zurück. Gib die Vollkorn-Penne zum Pesto in die Schüssel und vermische alles gut. Füge bei Bedarf ein wenig vom Kochwasser hinzu, um das Pesto besser mit der Pasta zu vermischen.

5. Richte die Pasta auf einem Teller an und garniere sie mit ein paar Rucola-Blättern. Guten Appetit.

Hähnchenbrust mit Mango—Salsa

Zubereitungszeit: 25 Minuten
Portionen: 1 Person

Zutaten:

- 150 g Hähnchenbrust, flach geklopft
- 1/2 reife Mango, gewürfelt
- 1/4 rote Paprika, gewürfelt
- 2 EL rote Zwiebel, fein gewürfelt
- 1 EL frischer Koriander, gehackt
- Saft von 1/2 Bio-Limette
- 1/2 frische Chilischote, entkernt und fein gehackt
- 1 EL natives Olivenöl extra
- Salz und Pfeffer nach Geschmack
- 1/2 TL gemahlener Kreuzkümmel
- 50 g gemischter Salat (z.B. Rucola, Spinat)
- 1 EL Balsamico-Essig

Zubereitung:

1. Beginne damit, die Hähnchenbrust mit Salz, Pfeffer und Kreuzkümmel zu würzen. Erhitze dann 1/2 EL Olivenöl in einer Pfanne über mittlerer Hitze. Brate die Hähnchenbrust von jeder Seite ca. 4-5 Minuten, bis sie durchgegart und gebräunt ist. Nimm sie aus der Pfanne und lege sie zur Seite.

2. Für die Salsa vermische die Mango, rote Paprika, rote Zwiebel, Koriander, Limettensaft und die Chilischote in einer Schüssel. Schmecke die Salsa mit einer Prise Salz und Pfeffer ab.

3. In einer anderen Schüssel den gemischten Salat mit Balsamico-Essig, dem restlichen Olivenöl, Salz und Pfeffer vermengen.

4. Schneide die zur Seite gelegte Hähnchenbrust in Scheiben und lege sie auf den Teller. Gib den Salat neben die Hähnchenbrustscheiben und verteile die Mango-Salsa großzügig darüber. Guten Appetit.

Beilagen

Geröstete Süßkartoffeln

Zubereitungszeit: 30 Minuten
Portionen: 1 Person

Zutaten:

- 200 g Süßkartoffeln, geschält und in 1 cm dicke Scheiben geschnitten
- 1 EL natives Olivenöl extra
- 1 Zweig frischer Rosmarin, Nadeln abgezupft und fein gehackt
- 1/4 TL Salz
- Frisch gemahlener schwarzer Pfeffer nach Geschmack
- Ein paar Tropfen frischer Bio-Zitronensaft

Zubereitung:

1. Heize den Ofen auf 200 Grad vor. In der Zwischenzeit bereitest du die Süßkartoffelscheiben vor. Nachdem sie geschält und geschnitten sind, lege sie in eine Schüssel.

2. Gib das Olivenöl, den gehackten Rosmarin, Salz und frisch gemahlenen schwarzen Pfeffer über die Süßkartoffelscheiben. Gib ein paar Tropfen frischen Zitronensaft dazu. Vermische alles gut, damit die Süßkartoffelscheiben gleichmäßig mit dem Öl und den Gewürzen bedeckt sind.

3. Lege ein Backblech mit Backpapier aus und verteile die gewürzten Süßkartoffelscheiben darauf. Achte darauf, dass sie nicht übereinanderliegen, damit sie gleichmäßig rösten können.

4. Röste die Süßkartoffelscheiben im vorgeheizten Ofen für etwa 20-25 Minuten, oder bis sie weich und an den Rändern leicht karamellisiert sind. Nach der Hälfte der Backzeit, wende die Scheiben einmal, damit sie auf beiden Seiten knusprig werden.

5. Sobald die Süßkartoffeln fertig sind, nimm sie aus dem Ofen und serviere sie. Guten Appetit.

Gebratener Spargel mit Mandeln

Zubereitungszeit: 15 Minuten
Portionen: 1 Person

Zutaten:

- 150 g grüner Spargel, unteres Drittel geschält und Enden abgeschnitten
- 1 EL natives Olivenöl extra
- 20 g Mandelsplitter
- Salz und frisch gemahlener weißer Pfeffer
- 1/2 Bio-Zitrone, nur der Saft
- 1 TL frisch gehackter Dill

Zubereitung:

1. Erhitze das Olivenöl in einer Pfanne über mittlerer Hitze. Gib den Spargel in die Pfanne, würze ihn mit etwas Salz und Pfeffer, und brate ihn für etwa 5-7 Minuten, bis er bissfest und leicht gebräunt ist. Wende den Spargel gelegentlich, damit er gleichmäßig gart.

2. In einer kleinen Pfanne ohne Zugabe von Öl röste die Mandelsplitter bei mittlerer Hitze, bis sie goldbraun sind. Achte darauf, sie häufig zu schwenken, damit sie nicht verbrennen.

3. Sobald der Spargel fertig ist, gib ihn auf einen Teller. Beträufle ihn mit frisch gepresstem Zitronensaft und bestreue ihn mit den gerösteten Mandelsplittern.

4. Zum Schluss den Spargel mit dem Dill garnieren und servieren. Guten Appetit.

Gedämpfter Brokkoli mit Zitronenbutter

Zubereitungszeit: 20 Minuten
Portionen: 1 Person

Zutaten:

- 150 g Brokkoli, in Röschen geschnitten
- 1/2 Bio-Zitrone, Saft und abgeriebene Schale
- 1 EL Butter
- 1 Knoblauchzehe, fein gehackt
- Eine Prise Salz
- Frisch gemahlener schwarzer Pfeffer
- 2 EL gehackte Mandeln

Zubereitung:

1. Fülle einen Topf mit ca. 2 cm Wasser und bringe es zum Kochen. Setze einen Dämpfeinsatz in den Topf, so dass das Wasser den Einsatz nicht berührt. Lege die Brokkoliröschen in den Dämpfeinsatz, decke den Topf mit einem Deckel ab und lasse den Brokkoli für etwa 5-7 Minuten dämpfen, bis er weich, aber noch bissfest ist.

2. Während der Brokkoli dämpft, erhitze die Butter in einer kleinen Pfanne bei mittlerer Hitze. Füge den gehackten Knoblauch hinzu und lasse ihn für etwa 1 Minute leicht anschwitzen, bis er duftet, aber nicht braun wird.

3. Reduziere die Hitze, füge den Zitronensaft sowie die abgeriebene Schale zur Butter hinzu und rühre um, um alles gut zu vermischen. Gib eine Prise Salz und frisch gemahlenen schwarzen Pfeffer hinzu. Lasse die Zitronenbutter für etwa 2 Minuten leicht köcheln.

4. Nimm die Pfanne vom Herd und rühre die gehackten Mandeln unter.

5. Sobald der Brokkoli fertig gedämpft ist, lege ihn auf einen Teller. Gieße die Zitronenbutter gleichmäßig über den Brokkoli. Guten Appetit.

Rosenkohl aus dem Ofen

Zubereitungszeit: 25 Minuten
Portionen: 1 Person

Zutaten:

- 200 g Rosenkohl, geputzt und halbiert
- 2 Knoblauchzehen, fein gehackt
- 1 EL natives Olivenöl extra
- 1 TL Mandelmilch, ungesüßt
- Eine Prise Salz
- Eine Prise schwarzer Pfeffer
- 1/4 TL getrockneter Thymian
- 10 g Mandeln, gehackt und leicht geröstet

Zubereitung:

1. Heize den Ofen auf 200 Grad vor.

2. In einer großen Schüssel vermische den halbierten Rosenkohl mit dem fein gehackten Knoblauch, Olivenöl, Mandelmilch, Salz, Pfeffer und Thymian. Stelle sicher, dass der Rosenkohl gleichmäßig mit der Mischung bedeckt ist.

3. Verteile den Rosenkohl auf einem mit Backpapier ausgelegten Backblech und achte darauf, dass er nicht übereinander liegt.

4. Röste den Rosenkohl für etwa 20 Minuten im Ofen, bis er am Rand leicht gebräunt und innen zart ist. Nach der Hälfte der Backzeit einmal wenden, damit er gleichmäßig gart.

5. Nimm den Rosenkohl aus dem Ofen und bestreue ihn mit den gehackten, gerösteten Mandeln. Guten Appetit.

Geröstete Kürbisspalten

Zubereitungszeit: 25 Minuten
Portionen: 1 Person

Zutaten:

- 200 g Hokkaido-Kürbis, in Spalten geschnitten
- 2 EL natives Olivenöl extra
- 1/2 TL getrockneter Thymian
- Eine Prise Salz
- Eine Prise frisch gemahlener schwarzer Pfeffer
- 1/2 Bio-Zitrone, den Saft davon
- 1 TL frische Petersilie, fein gehackt

Zubereitung:

1. Heize deinen Ofen auf 200 Grad vor. Währenddessen bereitest du den Kürbis vor, indem du ihn gründlich wäschst und in etwa 2 cm breite Spalten schneidest. Die Kerne entfernst du dabei.

2. Lege ein Backblech mit Backpapier aus und verteile die Kürbisspalten darauf. Träufle das Olivenöl gleichmäßig über die Kürbisspalten und bestreue sie dann mit Thymian, Salz und Pfeffer. Verwende deine Hände, um sicherzustellen, dass jede Kürbisspalte gut mit den Gewürzen und dem Öl bedeckt ist.

3. Gib die Kürbisspalten in den vorgeheizten Ofen und röste sie für etwa 20 Minuten, bis sie am Rand leicht knusprig und in der Mitte weich sind. Die genaue Zeit kann je nach Ofen und Dicke der Kürbisspalten variieren.

4. Sobald der Kürbis fertig ist, nimm ihn aus dem Ofen und gib ihn auf einen Teller. Beträufle die gerösteten Kürbisspalten mit frisch gepresstem Zitronensaft und bestreue sie mit der gehackten Petersilie. Guten Appetit.

Blumenkohlreis

Zubereitungszeit: 20 Minuten
Portionen: 1 Person

Zutaten:

- 200 g Blumenkohl, grob zerkleinert
- 1/2 TL Kurkuma
- 1 TL natives Olivenöl extra
- 1 kleine Knoblauchzehe, fein gehackt
- 50 ml Mandelmilch, ungesüßt
- Salz und frisch gemahlener schwarzer Pfeffer
- 2 EL gehackte Petersilie
- 1 EL geröstete Kürbiskerne
- Einige frische Spinatblätter

Zubereitung:

1. Nimm den grob zerkleinerten Blumenkohl und gib ihn in einen Food Processor. Pulsieren, bis die Konsistenz von grobem Reis erreicht ist. Achte darauf, dass der Blumenkohl nicht zu fein wird. Du kannst auch einen Standmixer verwenden.

2. Erhitze das Olivenöl in einer Pfanne bei mittlerer Hitze. Gib den fein gehackten Knoblauch hinzu und dünste ihn kurz an, bis er duftet.

3. Füge den Blumenkohlreis und den Kurkuma hinzu. Rühre alles gut um, damit der Blumenkohlreis gleichmäßig mit dem Kurkuma bedeckt ist und eine goldene Farbe annimmt.

4. Lasse den Blumenkohlreis für etwa 5-7 Minuten köcheln, bis er weich, aber noch bissfest ist. Gelegentlich umrühren, um ein Anbrennen zu vermeiden.

5. Gieße die Mandelmilch hinzu und rühre um. Mit Salz und Pfeffer abschmecken.

6. Kurz vor dem Servieren den frischen Spinat unterrühren und nur so lange erhitzen, bis er gerade zusammenfällt.

7. Richte den Blumenkohlreis auf einem Teller an. Bestreue ihn mit der gehackten Petersilie und den gerösteten Kürbiskernen. Guten Appetit.

Gebackene Zucchinischeiben mit Parmesan

Zubereitungszeit: 25 Minuten
Portionen: 1 Person

Zutaten:

- 1 mittelgroße Zucchini, in 1 cm dicke Scheiben geschnitten
- 2 EL natives Olivenöl extra
- 30 g Parmesan, frisch gerieben
- 1 TL getrockneter Thymian
- 1 TL getrockneter Oregano
- 1/2 TL Paprikapulver
- Salz und frisch gemahlener weißer Pfeffer nach Geschmack
- 1 TL Leinsamen, geschrotet

Zubereitung:

1. Heize den Backofen auf 200 Grad vor.

2. Lege ein Backblech mit Backpapier aus und verteile die Zucchinischeiben gleichmäßig darauf. Beträufle die Scheiben mit Olivenöl.

3. In einer kleinen Schüssel mische Parmesan, Thymian, Oregano, Paprikapulver, Salz und Pfeffer. Streue diese Mischung gleichmäßig über die Zucchinischeiben.

4. Backe die Zucchinischeiben für 15 Minuten oder bis sie goldbraun und der Parmesan knusprig ist.

5. Vor dem Servieren bestreue die gebackenen Zucchinischeiben mit geschrotetem Leinsamen. Guten Appetit.

Grünkohlchips mit Meersalz

Zubereitungszeit: 25 Minuten
Portionen: 1 Person

Zutaten:

- 100 g Grünkohl, Blätter vom Stiel gezupft und in mundgerechte Stücke gerissen
- 1 EL natives Olivenöl extra
- 1/4 TL Meersalz
- 1/4 TL Paprikapulver
- 1 Prise Cayennepfeffer

Zubereitung:

1. Heize deinen Ofen auf 150 Grad vor. Währenddessen legst du ein Backblech mit Backpapier aus.

2. Nimm die Grünkohlblätter und wasche sie gründlich unter fließendem Wasser. Danach trocknest du sie komplett mit einem Küchentuch oder einer Salatschleuder. Es ist wichtig, dass die Blätter wirklich trocken sind, damit sie im Ofen knusprig werden können.

3. Gib die trockenen Grünkohlstücke in eine große Schüssel. Träufle das Olivenöl darüber und bestreue sie mit dem Meersalz, Paprikapulver und einer Prise Cayennepfeffer. Vermische alles gut miteinander, sodass jedes Blatt leicht mit Öl und den Gewürzen bedeckt ist.

4. Verteile die gewürzten Grünkohlstücke gleichmäßig auf dem Backblech. Achte darauf, dass sie nicht übereinanderliegen, damit sie alle gleichmäßig knusprig werden können.

5. Backe die Grünkohlchips für etwa 10-15 Minuten im Ofen. Die genaue Zeit kann je nach Ofen variieren, also behalte die Chips gut im Auge. Sie sind fertig, wenn sie am Rand leicht braun werden, aber noch grün in der Mitte sind.

6. Nimm die Chips aus dem Ofen und lass sie ein paar Minuten abkühlen. Guten Appetit.

Auberginenpüree

Zubereitungszeit: 30 Minuten
Portionen: 1 Person

Zutaten:

- 1 mittelgroße Aubergine, gewaschen und längs halbiert
- 2 EL natives Olivenöl extra
- 1 kleine Knoblauchzehe, fein gehackt
- 1 EL Tahini (Sesampaste)
- Saft von 1/2 Bio-Zitrone
- 1 EL frische Petersilie, fein gehackt
- Salz und Pfeffer nach Geschmack
- 1 TL geröstete Kürbiskerne

Zubereitung:

1. Den Ofen auf 200 Grad vorheizen. Die Auberginenhälften mit der Schnittfläche nach oben auf ein mit Backpapier belegtes Backblech legen. Mit einem Pinsel jede Hälfte mit Olivenöl bestreichen und mit Salz bestreuen.

2. Die Auberginen im vorgeheizten Ofen etwa 20-25 Minuten backen, bis das Fleisch weich ist. Aus dem Ofen nehmen und kurz abkühlen lassen.

3. Das weiche Auberginenfleisch mit einem Löffel aus der Schale lösen und in eine Schüssel geben. Knoblauch, Tahini, Zitronensaft, Petersilie, Salz und Pfeffer hinzufügen.

4. Mit einer Gabel oder einem Pürierstab das Auberginenfleisch fein pürieren, bis eine gleichmäßige Masse entsteht. Abschmecken und gegebenenfalls nachwürzen.

5. Das Auberginenpüree in eine Servierschale füllen und mit gerösteten Kürbiskernen garnieren. Guten Appetit.

Marinierte Rote Bete

Zubereitungszeit: 30 Minuten
Portionen: 1 Person

Zutaten:

- 200 g Rote Bete, vorgekocht und in Scheiben geschnitten
- 30 g Ziegenfrischkäse (bis 45 % Fett i. Tr.)
- 1 EL natives Olivenöl extra
- 1 EL Weißweinessig
- 1/2 TL Senf
- 1 kleine Bio-Zitrone, nur die abgeriebene Schale
- Eine Handvoll Walnüsse, grob gehackt
- Ein paar frische Thymianblätter
- Salz und weißer Pfeffer nach Geschmack

Zubereitung:

1. In einer kleinen Schüssel Olivenöl, Weißweinessig, Senf, abgeriebene Zitronenschale, Salz und Pfeffer zu einem Dressing verrühren.

2. Die Rote Bete-Scheiben in einer separaten Schüssel mit dem Dressing vorsichtig vermengen. Lass die Rote Bete für etwa 20 Minuten marinieren.

3. Währenddessen die Walnüsse in einer trockenen Pfanne auf mittlerer Hitze leicht anrösten, bis sie duften. Achte darauf, dass sie nicht verbrennen. Dann zur Seite stellen und abkühlen lassen.

4. Die marinierte Rote Bete auf einem Teller anrichten. Mit Ziegenfrischkäse in kleinen Nocken darauf verteilen.

5. Die gerösteten Walnüsse und frischen Thymianblätter über den Ziegenkäse streuen.

6. Zum Schluss, wenn du möchtest, mit ein paar Tropfen Olivenöl und einem Spritzer Zitronensaft garnieren. Guten Appetit.

Snacks

Mandel-Aprikosen-Bällchen

Zubereitungszeit: 20 Minuten
Portionen: 1 Person

Zutaten:

- 50 g getrocknete Aprikosen, fein gehackt
- 30 g Mandeln, gemahlen
- 20 g Haferflocken, fein gemahlen
- 1 TL Chiasamen
- 1 TL Bio-Zitronenschale, frisch gerieben
- 2 EL Mandelmilch, ungesüßt
- Eine Prise Zimt

Zubereitung:

1. Beginne damit, die getrockneten Aprikosen fein zu hacken.

2. Vermenge in einer mittelgroßen Schüssel die gemahlenen Mandeln mit den fein gemahlenen Haferflocken.

3. Füge die Chiasamen und die frisch geriebene Zitronenschale hinzu.

4. Gib die gehackten Aprikosen in die Schüssel und vermenge alle Zutaten gründlich.

5. Nun gibst du langsam die Mandelmilch hinzu und vermischst alles, bis eine formbare Masse entsteht. Danach eine Prise Zimt hinzufügen.

6. Forme mit feuchten Händen kleine Bällchen aus der Masse. Wenn die Mischung an den Händen klebt, einfach die Hände zwischendurch anfeuchten.

7. Lege die fertigen Bällchen auf einen Teller oder in eine luftdichte Dose, um sie im Kühlschrank aufzubewahren. Die Bällchen halten sich im Kühlschrank bis zu einer Woche. Guten Appetit.

Hausgemachte Gemüsechips

Zubereitungszeit: 25 Minuten
Portionen: 1 Person

Zutaten:

- 1 mittelgroße Zucchini, in dünne Scheiben geschnitten
- 1 Karotte, in dünne Scheiben geschnitten
- 1 rote Paprika, in dünne Streifen geschnitten
- 2 EL natives Olivenöl extra
- 1/2 TL Salz
- 1/4 TL frisch gemahlener schwarzer Pfeffer
- 1 TL Thymian, frisch oder getrocknet

Zubereitung:

1. Heize deinen Ofen auf 180 Grad vor. Währenddessen kannst du das Gemüse vorbereiten. Zucchini, Karotte und rote Paprika waschen und in möglichst dünne Scheiben oder Streifen schneiden. Je dünner das Gemüse geschnitten ist, desto knuspriger werden deine Chips.

2. Nimm eine große Schüssel und vermische das geschnittene Gemüse mit dem Olivenöl, Salz, Pfeffer und Thymian, bis alles leicht und gleichmäßig beschichtet ist.

3. Lege ein Backblech mit Backpapier aus und verteile das gewürzte Gemüse darauf in einer einzigen Schicht. Achte darauf, dass die Scheiben sich nicht überlappen, damit sie gleichmäßig backen können.

4. Backe das Gemüse im vorgeheizten Ofen für etwa 15-20 Minuten, oder bis die Ränder anfangen, braun zu werden und die Chips knusprig sind. Die Backzeit kann je nach Dicke der Gemüsescheiben variieren, daher behalte sie im Auge.

5. Sobald die Gemüsechips fertig sind, nimm sie aus dem Ofen und lass sie auf einem Küchenpapier abkühlen. Guten Appetit.

Erdnussbutter-Beeren-Riegel

Zubereitungszeit: 15 Minuten
Portionen: 6 Riegel

Zutaten:

- 50 g Haferflocken, fein gemahlen
- 30 g Mandeln, grob gehackt
- 20 g Erdnussbutter, naturbelassen und ohne Zusätze
- 50 g gemischte Beeren (Erdbeeren, Himbeeren, Blaubeeren), frisch und gehackt
- 1 EL Chiasamen
- 2 EL Kokosöl, geschmolzen
- 1/2 TL Zimt

Zubereitung:

1. Den Ofen auf 175 Grad vorheizen und eine kleine Backform (ca. 20x10 cm) mit Backpapier auslegen.

2. In einer großen Schüssel die gemahlenen Haferflocken mit den grob gehackten Mandeln und Chiasamen mischen.

3. In einer separaten Schüssel Erdnussbutter, geschmolzenes Kokosöl und Zimt gründlich verrühren, bis eine homogene Masse entsteht.

4. Die Erdnussbutter-Mischung zu den trockenen Zutaten geben und gut vermengen, bis alles gleichmäßig feucht ist.

5. Die gehackten Beeren vorsichtig unterheben, um sie gleichmäßig in der Masse zu verteilen.

6. Die Mischung in die vorbereitete Backform geben und mit einem Löffel oder den Händen gleichmäßig andrücken.

7. Im vorgeheizten Ofen für etwa 10-15 Minuten backen, oder bis die Ränder leicht goldbraun sind.

8. Aus dem Ofen nehmen und vollständig abkühlen lassen, bevor du die Masse in 6 gleich große Riegel schneidest. Guten Appetit.

Geröstete Kichererbsen mit Paprika

Zubereitungszeit: 25 Minuten
Portionen: 1 Person

Zutaten:

- 150 g Kichererbsen aus der Dose, gut gespült und abgetropft
- 1 rote Paprika, gewürfelt
- 1 TL natives Olivenöl extra
- 1/4 TL Paprikapulver
- 1/4 TL gemahlener Kreuzkümmel
- Eine Prise Salz
- Frischer weißer Pfeffer nach Geschmack
- Ein paar frische Petersilienblätter, fein gehackt

Zubereitung:

1. Heize deinen Ofen auf 200 Grad vor.

2. In einer Schüssel mische die abgetropften Kichererbsen mit dem Olivenöl, Paprikapulver, Kreuzkümmel, Salz und Pfeffer. Sorge dafür, dass alle Kichererbsen gleichmäßig gewürzt sind.

3. Breite die gewürzten Kichererbsen auf einem Backblech aus, das mit Backpapier ausgelegt ist. Verteile die Paprikawürfel gleichmäßig unter den Kichererbsen.

4. Röste die Kichererbsen und Paprika im vorgeheizten Ofen für etwa 20 Minuten oder bis sie knusprig und goldbraun sind. Wende sie nach der Hälfte der Zeit einmal, damit sie gleichmäßig geröstet werden.

5. Nimm das Backblech aus dem Ofen und lasse es ein paar Minuten abkühlen. Streue vor dem Servieren die Petersilie darüber. Guten Appetit.

Avocado-Boote mit Tomaten und Ziegenkäse

Zubereitungszeit: 15 Minuten
Portionen: 1 Person

Zutaten:

- 1 reife Avocado, halbiert und entkernt
- 50 g Kirschtomaten, halbiert
- 30 g Ziegenkäse, zerbröselt
- 2 EL Walnusskerne, grob gehackt
- 1 EL natives Olivenöl extra
- 1 TL frischer Bio-Zitronensaft
- Frische Basilikumblätter zum Garnieren
- Salz und frisch gemahlener schwarzer Pfeffer

Zubereitung:

1. Mit einem Löffel nimmst du vorsichtig etwas vom Fruchtfleisch der Avocado heraus, um Platz für die Füllung zu schaffen. Das herausgelöste Avocado-Fruchtfleisch kannst du in einer kleinen Schüssel beiseitelegen.

2. In einer anderen Schüssel vermische die halbierten Kirschtomaten mit dem zerbröselten Ziegenkäse, den grob gehackten Walnusskernen, Olivenöl und frischem Zitronensaft. Würze die Mischung mit Salz und Pfeffer nach Geschmack.

3. Fülle die Avocado-Hälften mit der Tomaten-Ziegenkäse-Mischung. Achte darauf, dass die Füllung gut verteilt ist.

4. Garniere die gefüllten Avocado-Boote mit frischen Basilikumblättern.

5. Gib zum Schluss etwas Olivenöl über die Boote und würze sie bei Bedarf noch einmal leicht mit Salz und Pfeffer. Guten Appetit.

Zucchini-Muffins

Zubereitungszeit: 30 Minuten
Portionen: ca. 6 Muffins

Zutaten:

- 1 mittelgroße Zucchini, geraspelt (ca. 150 g)
- 2 Bio-Eier Größe M
- 50 ml Mandelmilch, ungesüßt
- 75 g Vollkornmehl (z.B. Dinkel oder Roggen)
- 1 TL Backpulver
- 25 g Walnüsse, grob gehackt
- 1 EL natives Olivenöl extra
- 1 TL Zimt
- Eine Prise Salz

Zubereitung:

1. Heize den Backofen auf 180 Grad vor. Fette eine Muffinform mit ein wenig Olivenöl ein oder verwende Muffin-Papierförmchen.

2. Presse die geraspelte Zucchini leicht aus, um überschüssiges Wasser zu entfernen. Dies sorgt dafür, dass die Muffins nicht zu feucht werden.

3. In einer Schüssel die Eier mit der Mandelmilch und dem Olivenöl verquirlen. Füge das Vollkornmehl, Backpulver, Zimt und eine Prise Salz hinzu und rühre alles zu einem glatten Teig.

4. Hebe die geraspelte Zucchini und die Walnüsse unter den Teig. Mische alles gut durch, bis die Zucchini und Nüsse gleichmäßig verteilt sind.

5. Verteile den Teig gleichmäßig in der Muffinform. Die Förmchen sollten zu etwa zwei Dritteln gefüllt sein.

6. Backe die Muffins für etwa 20-25 Minuten im vorgeheizten Ofen, oder bis ein Zahnstocher sauber herauskommt, wenn du ihn in die Mitte eines Muffins steckst.

7. Lasse die Muffins nach dem Backen in der Form für ein paar Minuten abkühlen, bevor du sie herausnimmst. Danach auf einem Kuchengitter abkühlen lässt. Guten Appetit.

Kokos-Riegel

Zubereitungszeit: 15 Minuten
Portionen: 4 Riegel

Zutaten:

- 30 g Mandeln, grob gehackt
- 20 g Walnüsse, grob gehackt
- 10 g Kürbiskerne
- 30 g Kokosraspeln
- 1 EL Kokosöl
- Eine Prise Salz
- 2 EL Mandelmilch, ungesüßt

Zubereitung:

1. Heize den Backofen auf 180 Grad vor.

2. Vermische in einer Schüssel die Mandeln, Walnüsse, Kürbiskerne und Kokosraspeln.

3. Erwärme das Kokosöl in einem kleinen Topf bei niedriger Hitze, bis es flüssig ist. Gib dann die Prise Salz dazu. Rühre gut um, bis alles gleichmäßig vermengt ist.

4. Gieße die flüssige Kokosöl-Mischung und die Mandelmilch über die Nuss-Kokos-Mischung. Rühre alles gut durch, sodass die trockenen Zutaten gleichmäßig mit der feuchten Mischung benetzt sind.

5. Lege ein Backblech mit Backpapier aus und verteile die Mischung darauf. Drücke sie fest zusammen, sodass eine etwa 1 cm dicke Schicht entsteht.

6. Backe die Masse für etwa 10-12 Minuten im Ofen, bis die Ränder leicht goldbraun sind.

7. Lass die gebackene Masse vollständig abkühlen, bevor du sie in 4 Riegel schneidest. Guten Appetit.

Gemüsesticks mit Hummus

Zubereitungszeit: 15 Minuten
Portionen: 1 Person

Zutaten:

- 1 mittelgroße Karotte, geschält und in Sticks geschnitten
- 1/2 Gurke, ungeschält und in Sticks geschnitten
- 1/4 rote Paprika, in Streifen geschnitten
- 5 Cherrytomaten, halbiert
- 30 g Radieschen, in Sticks geschnitten
- 50 g Kichererbsen aus der Dose, gut gespült und abgetropft
- 1 EL natives Olivenöl extra
- 1/4 TL gemahlener Kreuzkümmel
- 1 kleine Knoblauchzehe, fein gehackt
- Saft von 1/4 Bio-Zitrone
- 1 EL Wasser
- Eine Prise Salz
- Ein paar Blätter frischer Petersilie, fein gehackt

Zubereitung:

1. Beginne damit, die Kichererbsen in eine Schüssel zu geben. Füge Olivenöl, gemahlenen Kreuzkümmel, gehackten Knoblauch, Zitronensaft und Wasser hinzu. Mit einer Gabel oder einem Pürierstab die Kichererbsen grob zerdrücken und gut vermengen, bis eine gleichmäßige Konsistenz entsteht. Sollte der Hummus zu dick sein, kannst du ein wenig mehr Wasser hinzufügen. Mit einer Prise Salz abschmecken.

2. Nimm nun die vorbereiteten Gemüsesticks (Karotte, Gurke, rote Paprika, Cherrytomaten, Radieschen) und verteile sie auf einem Teller.

3. Den frisch zubereiteten Hummus neben die Gemüsesticks geben und mit fein gehackter Petersilie bestreuen. Guten Appetit.

Käse-Nuss-Cracker

Zubereitungszeit: 20 Minuten
Portionen: ca. 15 Cracker

Zutaten:

- 50 g Mandelmehl
- 30 g Walnüsse, fein gehackt
- 50 g Käse (bis 45 % Fett i. Tr.), gerieben (z.B. Gouda)
- 1 Bio-Ei Größe M
- 1 EL natives Olivenöl extra
- 1/4 TL Salz
- 1/2 TL getrockneter Thymian

Zubereitung:

1. Heize den Ofen auf 180 Grad vor.

2. In einer Schüssel vermischst du das Mandelmehl, die fein gehackten Walnüsse, den geriebenen Käse, Salz und Thymian gründlich.

3. Schlage das Ei auf und füge es zusammen mit dem Olivenöl zu den trockenen Zutaten. Vermische alles, bis eine einheitliche Masse entsteht.

4. Lege ein Backpapier auf ein Backblech. Verteile die Masse mit einem Löffel auf dem Backpapier und forme etwa 15 kleine, flache Cracker.

5. Backe die Cracker im vorgeheizten Ofen für ca. 12-15 Minuten, bis sie goldbraun und knusprig sind.

6. Lasse die Cracker vor dem Verzehr vollständig abkühlen. Guten Appetit.

Beeren-Nuss-Mix

Zubereitungszeit: 15 Minuten
Portionen: 1 Person

Zutaten:

- 30 g Haferflocken
- 20 g Walnüsse, grob gehackt
- 10 g Mandeln, gehobelt
- 50 g gemischte Beeren (Brombeeren, Heidelbeeren, Himbeeren), frisch oder gefroren
- 1 TL Chiasamen
- 100 ml Mandelmilch, ungesüßt
- 1/2 TL Zimt
- Ein Spritzer Bio-Zitronensaft

Zubereitung:

1. Gib die Haferflocken, Chiasamen, Zimt und einen Spritzer Zitronensaft in eine Schüssel.

2. Erhitze die Mandelmilch in einem kleinen Topf, bis sie warm ist, aber nicht kocht. Gieße die warme Mandelmilch über die Haferflockenmischung und rühre um, damit sich alles gut vermischt.

3. Lass die Mischung für etwa 5 Minuten quellen, damit die Haferflocken und Chiasamen die Flüssigkeit aufnehmen können und eine leicht cremige Konsistenz entsteht.

4. In der Zwischenzeit hacke die Walnüsse grob. Wenn du frische Beeren verwendest, wasche sie und lass sie abtropfen. Bei gefrorenen Beeren lass sie ein paar Minuten bei Raumtemperatur antauen.

5. Gib die Beeren, gehackten Walnüsse und gehobelten Mandeln in die Schüssel mit der Haferflockenmischung. Vermische alles vorsichtig.

6. Gib zum Schluss einen zusätzlichen Spritzer Zitronensaft darüber und eine Prise Zimt. Guten Appetit.

Apfelscheiben mit Walnussbutter

Zubereitungszeit: 15 Minuten
Portionen: 1 Person

Zutaten:

- 1 mittelgroßer Apfel, in dünne Scheiben geschnitten
- 30 g Walnüsse, grob gehackt
- 1 TL natives Olivenöl extra
- 1 Prise Zimt
- 1 TL frischer Bio-Zitronensaft
- 1 EL Mandelmilch, ungesüßt
- 1 Prise Salz

Zubereitung:

1. Erhitze eine Pfanne bei mittlerer Hitze und röste die Walnüsse ohne Öl leicht an, bis sie duften. Achte darauf, dass sie nicht verbrennen. Nimm die Walnüsse aus der Pfanne und lass sie abkühlen.

2. In der gleichen Pfanne das Olivenöl erhitzen. Füge die Apfelscheiben hinzu und brate sie etwa 2 Minuten von jeder Seite, bis sie leicht weich sind. Bestreue sie während des Bratens mit einer Prise Zimt.

3. Gib die Apfelscheiben auf einen Teller. Danach den frischen Zitronensaft über die Apfelscheiben träufeln.

4. Für die Walnussbutter mixe die gerösteten Walnüsse in einem kleinen Mixer zusammen mit der Mandelmilch und einer Prise Salz, bis eine grobe Paste entsteht.

5. Verteile die Walnussbutter über die warmen Apfelscheiben. Guten Appetit.

Gurkenröllchen mit Ziegenfrischkäse

Zubereitungszeit: 15 Minuten
Portionen: 1 Person

Zutaten:

- 1/2 Gurke
- 50 g Ziegenfrischkäse (bis 45 % Fett i. Tr.)
- 1 TL Dill, frisch und fein gehackt
- 50 g geräucherter Lachs, in dünne Scheiben geschnitten
- 2 EL Mandeln, gehackt und leicht geröstet
- 1 TL Bio-Zitronensaft
- Salz und Pfeffer nach Geschmack

Zubereitung:

1. Beginne damit, die Gurke der Länge nach in sehr dünne Scheiben zu schneiden.

2. In einer kleinen Schüssel vermische den Ziegenfrischkäse mit dem Dill und dem Zitronensaft. Schmecke die Mischung mit Salz und Pfeffer ab. Die Creme sollte nicht zu flüssig sein.

3. Auf einer Arbeitsfläche legst du eine Gurkenscheibe flach hin. Streiche eine dünne Schicht der Ziegenfrischkäse-Dill-Mischung über die Gurkenscheibe. Lege darauf eine dünne Scheibe geräucherten Lachs.

4. Streue ein paar gehackte Mandeln über den Lachs.

5. Rolle die Gurkenscheibe vorsichtig auf, sodass die Füllung gut umschlossen ist. Wiederhole diesen Vorgang mit den restlichen Gurkenscheiben.

6. Die fertigen Gurkenröllchen kannst du auf einem Teller anrichten. Wenn du möchtest, kannst du die Röllchen mit etwas Dill und Mandelsplittern garnieren. Guten Appetit.

Paprika-Schiffchen mit Quinoa-Salat

Zubereitungszeit: 30 Minuten
Portionen: 1 Person

Zutaten:

- 1 rote Paprika, halbiert und entkernt
- 50 g Quinoa, gut gespült und abgetropft
- 100 ml Wasser
- Eine Handvoll Rucola, grob gehackt
- 1 kleine Möhre, in dünne Streifen geschnitten
- 5 Kirschtomaten, geviertelt
- 1 EL natives Olivenöl extra
- 1 EL frisch gepresster Bio-Zitronensaft
- Eine Prise Salz
- Frisch gemahlener schwarzer Pfeffer
- 1 EL gehackte Walnüsse
- Ein paar Blätter frischer Basilikum, zum Garnieren

Zubereitung:

1. Setze Wasser in einem kleinen Topf auf und bringe es zum Kochen. Gib den Quinoa hinein, reduziere die Hitze und lasse ihn etwa 15 Minuten köcheln, bis er das Wasser aufgenommen hat. Nimm ihn vom Herd und lass ihn abgedeckt 5 Minuten quellen. Danach mit einer Gabel auflockern.

2. In der Zwischenzeit die Paprikahälften auf ein mit Backpapier belegtes Backblech legen und bei 180 Grad für etwa 10 Minuten backen, bis sie leicht weich sind, aber noch Biss haben.

3. Während die Paprika backt, den Rucola, die Möhrenstreifen und die Kirschtomaten in einer großen Schüssel vermengen. Den gekochten Quinoa hinzufügen.

4. Für das Dressing Olivenöl, Zitronensaft, Salz und Pfeffer in einer kleinen Schüssel verrühren. Über den Salat gießen und gut umrühren, sodass alles gleichmäßig bedeckt ist.

5. Die Quinoa-Salat-Mischung in die vorgebackenen Paprikahälften füllen, mit gehackten Walnüssen bestreuen und mit Basilikum garnieren. Guten Appetit.

Brombeer-Mandel-Smoothie

Zubereitungszeit: 5 Minuten
Portionen: 1 Person

Zutaten:

- 100 g Brombeeren, frisch oder gefroren
- 20 g Mandeln, grob gehackt
- 150 ml Mandelmilch, ungesüßt
- 1/2 TL Zimt, gemahlen
- 1 TL Chiasamen
- 1 EL zarte Haferflocken
- Ein paar Eiswürfel (optional, falls frische Brombeeren verwendet werden)
- Ein Spritzer Bio-Zitronensaft

Zubereitung:

1. Brombeeren gründlich waschen, falls frische verwendet werden. Bei gefrorenen Brombeeren diesen Schritt überspringen.

2. Gib die Brombeeren, die gehackten Mandeln, die Mandelmilch, den Zimt, die Chiasamen und die Haferflocken in einen leistungsstarken Mixer.

3. Füge einen Spritzer Zitronensaft hinzu.

4. Mixe alle Zutaten auf höchster Stufe, bis der Smoothie cremig ist. Falls du frische Brombeeren verwendest und einen kühleren Drink bevorzugst, kannst du ein paar Eiswürfel hinzufügen.

5. Sobald der Smoothie die gewünschte Konsistenz erreicht hat, in ein großes Glas gießen und genießen. Guten Appetit.

Grüner Apfel-Spinat-Smoothie

Zubereitungszeit: 5 Minuten
Portionen: 1 Person

Zutaten:

- 1 grüner Apfel, entkernt und grob gewürfelt
- 1 Handvoll frischer Spinat, gut gewaschen
- 150 ml Mandelmilch, ungesüßt
- 1 TL Chiasamen
- 1/4 TL gemahlener Zimt
- Einige Eiswürfel

Zubereitung:

1. Beginne damit, den grünen Apfel zu entkernen und grob zu würfeln.

2. Gib den frisch gewaschenen Spinat zusammen mit den Apfelwürfeln in einen leistungsstarken Mixer.

3. Füge nun die Mandelmilch hinzu.

4. Streue die Chiasamen und den gemahlenen Zimt in den Mixer.

5. Wenn du deinen Smoothie kühler genießen möchtest, kannst du jetzt einige Eiswürfel hinzufügen.

6. Mixe alle Zutaten auf hoher Stufe, bis der Smoothie glatt und cremig ist. Sollte der Smoothie zu dick sein, kannst du ein wenig mehr Mandelmilch hinzufügen, bis die gewünschte Konsistenz erreicht ist.

7. Gieße den Smoothie in ein Glas und genieße ihn. Guten Appetit.

Himbeer-Nuss-Smoothie

Zubereitungszeit: 5 Minuten
Portionen: 1 Person

Zutaten:

- 150 g Himbeeren, frisch oder gefroren
- 30 g Walnüsse, grob gehackt
- 200 ml Mandelmilch, ungesüßt
- 1/2 TL Zimt
- Ein paar Eiswürfel (optional, wenn frische Himbeeren verwendet werden)

Zubereitung:

1. Die Himbeeren, falls gefroren, kurz vor der Zubereitung aus dem Gefrierfach nehmen, damit sie leicht antauen. Dies erleichtert die Verarbeitung im Mixer.

2. Die Walnüsse mit einem Messer grob hacken.

3. Gib die Himbeeren, die gehackten Walnüsse, die Mandelmilch und den Zimt in einen leistungsstarken Mixer.

4. Mixe alles auf hoher Stufe, bis der Smoothie cremig ist. Falls du frische Himbeeren verwendest und einen kühleren Smoothie bevorzugst, kannst du ein paar Eiswürfel hinzufügen.

5. Den fertigen Smoothie in ein Glas füllen und genießen. Guten Appetit.

Desserts

Gebackene Apfelspalten mit Zimt

Zubereitungszeit: 20 Minuten
Portionen: 1 Person

Zutaten:

- 1 Apfel, gewaschen und in dünne Spalten geschnitten
- 1/2 TL Zimt, gemahlen
- 1 EL Mandelmilch, ungesüßt
- 1 TL natives Olivenöl extra
- Ein paar Walnüsse, grob gehackt

Zubereitung:

1. Heize den Ofen auf 180 Grad vor.

2. Lege die Apfelspalten auf ein mit Backpapier ausgelegtes Backblech. Bestreiche sie leicht mit Olivenöl und der Mandelmilch.

3. Bestreue die Apfelspalten gleichmäßig mit dem Zimt.

4. Backe die Apfelspalten für etwa 15 Minuten im Ofen, bis sie leicht goldbraun und weich sind. Die genaue Zeit kann je nach Dicke der Spalten variieren, also behalte sie im Auge.

5. Nimm die gebackenen Apfelspalten aus dem Ofen und lass sie ein paar Minuten abkühlen. Bestreue sie vor dem Servieren mit den gehackten Walnüssen. Guten Appetit.

Joghurt mit Nüssen

Zubereitungszeit: 10 Minuten
Portionen: 1 Person

Zutaten:

- 150 g Naturjoghurt (bis 3,5 % Fett)
- 10 g Mandeln, grob gehackt
- 10 g Walnüsse, grob gehackt
- 1/2 Apfel, gewürfelt
- 1 TL Zimt

Zubereitung:

1. Nimm eine kleine Schüssel und fülle den Naturjoghurt hinein.
2. Streue die grob gehackten Mandeln und Walnüsse über den Joghurt.
3. Verteile die Apfelwürfel gleichmäßig darüber.
4. Bestäube das Ganze mit einem Teelöffel Zimt.
5. Vermenge die Zutaten vorsichtig mit einem Löffel. Guten Appetit.

Beerenquark mit Vanille

Zubereitungszeit: 15 Minuten
Portionen: 1 Person

Zutaten:

- 100 g Quark (bis 20 % Fett)
- 50 ml Mandelmilch, ungesüßt
- 1/2 Vanilleschote
- 50 g Heidelbeeren
- 50 g Brombeeren
- 1 TL Zitronensaft von einer Bio-Zitrone
- Ein paar frische Minzblätter und gehackte Mandeln zur Garnierung

Zubereitung:

1. Beginne damit, den Quark in eine Schüssel zu geben. Füge die Mandelmilch hinzu, um den Quark cremiger zu machen. Rühre beide Zutaten gut um, bis eine gleichmäßige Konsistenz entsteht.

2. Halbiere die Vanilleschote längs und kratze das Mark mit einem Messer heraus. Gib das Vanillemark zum Quark-Mandelmilch-Gemisch und vermische alles gründlich.

3. Wasche die Heidelbeeren und Brombeeren vorsichtig unter fließendem Wasser. Lass sie kurz abtropfen.

4. Füge die Beeren zusammen mit dem Zitronensaft zum Quark. Rühre alles vorsichtig um, sodass die Früchte gleichmäßig verteilt sind, ohne sie dabei zu zerdrücken.

5. Gib den Beerenquark in ein Glas oder eine kleine Schale. Garniere ihn mit ein paar Minzblättern und streue ein paar gehackte Mandeln darüber. Guten Appetit.

Pfirsich-Crumble mit Haferflocken

Zubereitungszeit: 25 Minuten
Portionen: 1 Person

Zutaten:

- 1 mittelgroßer Pfirsich, ent-kernt und in Würfel geschnitten
- 30 g Haferflocken
- 10 g Mandeln, grob gehackt
- 1 EL Mandelmilch, ungesüßt
- 1/4 TL Zimt
- 1 TL Kokosöl

Zubereitung:

1. Heize den Ofen auf 180 Grad vor. Bestreiche eine kleine Auflaufform leicht mit Kokosöl.

2. Verteile die Pfirsichwürfel gleichmäßig in der Auflaufform.

3. In einer kleinen Schüssel vermische Haferflocken, gehackte Mandeln und Zimt. Füge die Mandelmilch hinzu und vermische alles gut miteinander.

4. Gib die Haferflocken-Mischung über die Pfirsichwürfel in der Auflaufform.

5. Backe den Crumble für etwa 15-20 Minuten im Ofen, oder bis die Oberseite golden und knusprig ist.

6. Lass den Crumble vor dem Servieren ein paar Minuten abkühlen. Guten Appetit.

Zitronenquark mit Mandelkruste

Zubereitungszeit: 20 Minuten
Portionen: 1 Person

Zutaten:

- 100 g Quark (bis 20 % Fett)
- 1 Bio-Zitrone, Schale abgerieben und Saft ausgepresst
- 1 EL Mandeln, gemahlen
- Eine Prise Zimt
- 1 TL natives Olivenöl extra
- Einige frische Minzblätter zur Garnierung

Zubereitung:

1. Beginne damit, die Schale der Zitrone fein abzureiben und presse anschließend den Saft aus.

2. In einer Schüssel vermische den Quark mit der Hälfte des Zitronensafts und der Hälfte der Zitronenschale. Rühre die Mischung um, bis sie glatt und cremig ist.

3. In einer kleinen Pfanne, erhitze einen Teelöffel Olivenöl bei mittlerer Hitze. Gib die gemahlenen Mandeln hinzu und röste sie leicht an, bis sie goldbraun sind. Achte darauf, dass sie nicht verbrennen. Am Ende füge eine Prise Zimt hinzu und rühre um.

4. Gib die gerösteten Mandeln auf den Quark und verteile sie gleichmäßig als Kruste. Träufle den restlichen Zitronensaft über die Mandelkruste und streue die übrige Zitronenschale darüber.

5. Garniere das Dessert mit Minzblättern. Guten Appetit.

Himbeer-Schokoladen-Mousse

Zubereitungszeit: 15 Minuten
Portionen: 1 Person

Zutaten:

- 100 g Himbeeren, frisch
- 30 g dunkle Schokolade (mind. 70% Kakaoanteil), fein gehackt
- 1 TL Kokosöl
- 50 ml Mandelmilch, ungesüßt
- 1/4 TL gemahlene Vanille
- 1 Bio-Ei Größe M, getrennt
- Eine Prise Salz

Zubereitung:

1. Beginne damit, die Himbeeren sorgfältig zu waschen und lasse sie auf einem Küchentuch abtropfen. Ein paar Himbeeren für die Garnierung zur Seite legen.

2. Erhitze die Mandelmilch in einem kleinen Topf auf mittlerer Stufe, bis sie warm ist, aber nicht kocht. Füge die fein gehackte dunkle Schokolade und das Kokosöl hinzu. Rühre stetig, bis die Schokolade vollständig geschmolzen und die Mischung glatt ist. Nimm den Topf vom Herd und rühre die gemahlene Vanille ein.

3. In einer sauberen, trockenen Schüssel das Eiweiß mit einer Prise Salz steif schlagen. Achte darauf, dass der Schneebesen und die Schüssel vollkommen fettfrei sind, damit das Eiweiß richtig steif wird.

4. Vorsichtig das Eigelb unter die abgekühlte Schokoladenmischung heben, um eine homogene Masse zu erhalten. Anschließend das geschlagene Eiweiß in zwei Portionen behutsam unterheben.

5. Die Hälfte der Himbeeren vorsichtig unter die Mousse heben. Die Mousse in ein Dessertglas füllen und mit den restlichen Himbeeren garnieren.

6. Danach für mindestens 1 Stunde im Kühlschrank kühlen lassen, damit es fest wird. Guten Appetit.

Pflaumen-Tartelettes

Zubereitungszeit: 35 Minuten
Portionen: 2 Tartelettes

Zutaten:

- 4 frische Pflaumen, entkernt und in Spalten geschnitten
- 50 g Vollkornmehl
- 25 g gemahlene Mandeln
- 30 ml Mandelmilch, ungesüßt
- 1 TL Backpulver
- 1 Bio-Ei Größe M, verquirlt
- 1 EL natives Olivenöl extra
- 1 TL Zimt

Zubereitung:

1. Heize den Ofen auf 180 Grad vor. Vermische in einer mittelgroßen Schüssel das Vollkornmehl, die gemahlenen Mandeln und das Backpulver. Füge den Zimt hinzu und vermische alles gut.

2. In einer separaten kleinen Schüssel verquirle das Ei mit der Mandelmilch und dem Olivenöl. Gib diese flüssige Mischung zu den trockenen Zutaten und rühre alles zu einem glatten Teig zusammen.

3. Teile den Teig gleichmäßig auf zwei kleine, mit Backpapier ausgelegte Tartelette-Formen auf. Drücke den Teig leicht an, sodass ein kleiner Rand entsteht.

4. Verteile die Pflaumenspalten auf den beiden Teigböden und streue das Erythrit über die Pflaumen.

5. Nun die Tartelettes im vorgeheizten Ofen für etwa 20-25 Minuten backen, oder bis sie goldbraun sind.

6. Danach für ein paar Minuten abkühlen, bevor du sie servierst. Guten Appetit.

Zitronen-Mandel-Energiebällchen

Zubereitungszeit: 20 Minuten
Portionen: 8 Bällchen

Zutaten:

- 40 g feine Haferflocken
- 30 g Mandeln, fein gemahlen
- 15 g Chiasamen
- 2 Bio-Zitronen, Abrieb und Saft
- 2 EL Mandelmilch, ungesüßt
- 20 g Kokosraspeln zum Wälzen

Zubereitung:

1. In einer mittelgroßen Schüssel die feinen Haferflocken mit den gemahlenen Mandeln und Chiasamen vermischen.

2. Wasche die Zitronen gründlich und reibe die Schale ab. Halbiere die Zitronen und presse den Saft aus.

3. Füge den Zitronenabrieb und -saft zur Haferflocken-Mischung hinzu.

4. Gib zwei Esslöffel Mandelmilch hinzu, um die Masse etwas feuchter zu machen und leichter formbar zu machen. Knete die Mischung gut durch, bis eine homogene Masse entsteht.

5. Forme mit den Händen acht gleich große Bällchen aus der Masse. Falls die Masse zu klebrig ist, kannst du deine Hände zwischendurch mit etwas Wasser befeuchten.

6. Wälze jedes Bällchen in den Kokosraspeln, bis es vollständig bedeckt ist.

7. Lege die Bällchen auf einen Teller und stelle sie für mindestens 1 Stunde in den Kühlschrank, damit sie fester werden. Guten Appetit.

Quark-Käsekuchen mit Beeren

Zubereitungszeit: 45 Minuten
Portionen: 1 kleiner Kuchen

Zutaten:

- 100 g Magerquark
- 1 Bio-Ei Größe M
- 30 ml Mandelmilch, ungesüßt
- 20 g Dinkelvollkornmehl
- 10 g gemahlene Mandeln
- 1/2 TL Backpulver
- 1/2 TL Vanilleextrakt
- 100 g gemischte Beeren
  (Erdbeeren, Heidelbeeren,
  Himbeeren), frisch oder gefroren
- Eine Prise Zimt
- Etwas Butter für die Form

Zubereitung:

1. Heize den Ofen auf 180 Grad vor. Fetten eine kleine Backform (ca. 12 cm Durchmesser) mit etwas Butter ein.

2. In einer Schüssel vermengst du den Magerquark, das Ei und die Mandelmilch glatt. Füge das Vollkornmehl, die gemahlenen Mandeln und das Backpulver hinzu und verrühre alles zu einem gleichmäßigen Teig.

3. Rühre den Vanilleextrakt unter.

4. Wasche die Beeren, wenn sie frisch sind. Bei gefrorenen Beeren ist kein Waschen nötig. Verteile dann die Hälfte der Beeren auf dem Boden der vorbereiteten Backform.

5. Gieße den Teig über die Beeren in der Form. Streue die restlichen Beeren oben auf den Teig und bestäube das Ganze leicht mit Zimt.

6. Backe den Kuchen im vorgeheizten Ofen für ca. 25-30 Minuten oder bis der Käsekuchen fest ist und die Oberfläche leicht goldbraun wird.

7. Den Kuchen vor dem Servieren etwas abkühlen lassen. Guten Appetit.

Brombeer-Joghurt-Eis

Zubereitungszeit: ca. 15 Minuten + Gefrierzeit
Portionen: 1 Person

Zutaten:

- 150 g frische Brombeeren, gewaschen und abgetropft
- 100 g Naturjoghurt (bis 3,5 % Fett), gut gekühlt
- 1 EL Mandelmilch, ungesüßt
- 2 TL Xylit (Birkenzucker), oder nach Geschmack

Zubereitung:

1. Nimm die Brombeeren und püriere sie in einem Mixer bis sie eine glatte Masse ergeben. Falls du kleine Stückchen in deinem Eis bevorzugst, kannst du einige Brombeeren zur Seite legen und später hinzufügen.

2. Füge den Naturjoghurt und die Mandelmilch zum Brombeerpüree hinzu und mixe alles nochmals, bis eine homogene Masse entsteht.

3. Schmecke die Mischung mit Xylit ab. Je nachdem, wie süß du dein Eis magst, kannst du mehr oder weniger hinzufügen.

4. Falls du Brombeerstückchen in deinem Eis möchtest, füge sie jetzt hinzu und rühre sie mit einem Löffel unter.

5. Gieße die Mischung in eine Eisform oder in ein kleines Gefäß. Stelle es für mindestens 4 Stunden in den Gefrierschrank, bis das Eis fest wird.

6. Hole das Eis etwa 10 Minuten vor dem Verzehr aus dem Gefrierschrank, damit es sich leichter portionieren lässt. Guten Appetit.

Kiwi-Sorbet

Zubereitungszeit: 15 Minuten
Portionen: 1 Person

Zutaten:

- 2 Kiwis, geschält und in Stücke geschnitten
- 1 EL frisch gepresster Bio-Zitronensaft
- 100 ml kaltes Wasser
- Einige frische Minzblätter zum Garnieren

Zubereitung:

1. Gib die Kiwistücke in einen Gefrierbeutel und friere sie mindestens 3 Stunden oder über Nacht ein, bis sie vollständig gefroren sind.

2. Nimm die gefrorenen Kiwistücke aus dem Gefrierfach und lass sie für ca. 5 Minuten bei Raumtemperatur etwas weicher werden.

3. Gib die leicht angetauten Kiwistücke in einen leistungsstarken Mixer zusammen mit dem Zitronensaft und dem kalten Wasser.

4. Mixe alles auf höchster Stufe, bis die Mischung glatt und cremig ist. Sollte die Mischung zu fest sein, kannst du ein wenig mehr Wasser hinzufügen, bis die gewünschte Konsistenz erreicht ist.

5. Serviere das Sorbet sofort in einer kleinen Schale oder einem Dessertglas.

6. Nach Belieben mit Minzblättern garnieren. Guten Appetit.

Wassermelonen-Pizza

Zubereitungszeit: 15 Minuten
Portionen: 1 Person

Zutaten:

- 1 große Scheibe Wassermelone (ca. 2 cm dick), Kerne entfernt
- 100 g Naturjoghurt (bis 3,5 % Fett)
- 30 g Brombeeren, frisch
- 30 g Himbeeren, frisch
- 30 g Blaubeeren, frisch
- 10 g Walnüsse, grob gehackt
- Ein paar frische Minzblätter zur Garnierung
- 1 TL Bio-Zitronensaft
- Ein wenig Bio-Zitronenabrieb

Zubereitung:

1. Lege die Wassermelonen-Scheibe auf einen Teller.

2. Verteile den Naturjoghurt gleichmäßig auf der Wassermelonen-Scheibe.

3. Verteile nun die Brombeeren, Himbeeren und Blaubeeren gleichmäßig auf dem Joghurt.

4. Bestreue die Pizza mit den grob gehackten Walnüssen.

5. Verfeinere die Pizza mit einem Teelöffel Zitronensaft und etwas Zitronenabrieb.

6. Zum Schluss mit ein paar frischen Minzblättern garnieren. Guten Appetit.

Schlusswort

Liebe Leserin, lieber Leser,

wenn du diesen Text liest, hast du dich durch eine Vielzahl von Rezeptideen und kulinarischen Inspirationen hindurchgeblättert. Dafür möchte ich dir von Herzen danken. Ich hoffe, dass dieses Kochbuch für dich nicht nur eine Ansammlung von Rezepten, sondern auch eine Inspirationsquelle für eine bewusste und abwechslungsreiche Ernährung geworden ist.

Essen ist ein wichtiger und zentraler Teil unseres Lebens. Es versorgt uns nicht nur mit den notwendigen Nährstoffen, sondern bietet auch Gelegenheit für Gemeinschaft, Kreativität und Genuss. Deshalb ist es mir wichtig gewesen, Rezepte zusammenzustellen, die nicht nur gut für den Körper, sondern auch für die Seele sind. Ich hoffe, dass die Gerichte, die du aus diesem Buch zubereitest, sowohl deinen Geschmack als auch dein Wohlbefinden bereichern.

In diesem Sinne: Guten Appetit und viel Spaß beim Nachkochen der Rezepte. Und vergiss nicht, es warten noch viele weitere Rezepte darauf, von dir entdeckt zu werden.

Impressum

Copyright © 2024 – Vanessa Zimmermann
Verlagslabel: KochKreationX

c/o COCENTER
Koppoldstr. 1
86551 Aichach

Dieses Buch wurde mit der Unterstützung von KI erstellt.

ISBN Taschenbuch: 978-3-384-16736-1
ISBN Hardcover: 978-3-384-16737-8
ISBN E-Book: 978-3-384-16738-5

Druck und Distribution im Auftrag des Autors/der Autorin:
tredition GmbH, Heinz-Beusen-Stieg 5, 22926 Ahrensburg, Deutschland